LIBRO SEC

CON ILUSTRACIONES

VERSO CO

MW01385082

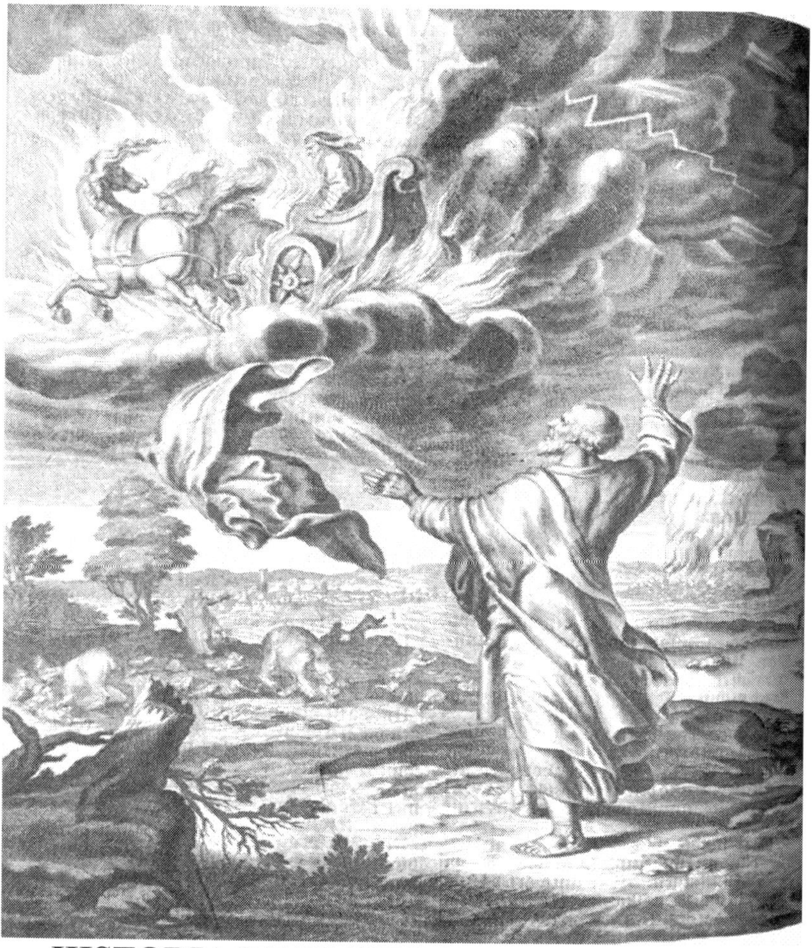

HISTORIA DE ELISEO Y DE LOS REYES DE ISRAEL Y DE JUDÁ.

Según la tradición judaica se cree que tanto este Libro, como el de primero de Reyes, fue escrito por el profeta Jeremías, porque el Libro de Jeremías es el complemento de ellos.

Capítulo # 1

Versos 1-2: "Después de la muerte de Acab, se rebeló Moab contra Israel. Y Ocozías cayó por la ventana de una sala de la casa que tenía en Samaria; y estando enfermo, envió mensajeros, y les dijo: Id y consultad a Baal-zebub dios de Ecrón, si he de sanar de esta mi enfermedad.

Al abrir el segundo libro de Reyes nos encontramos con Ocozías, el rey de las diez tribus de Israel, con sede en Samaria. Ocozías era hijo del perverso rey Acab y la malvada reina Jezabel.

La noticia de la rebelión de los moabitas contra Israel le asustó, y cayó por las celosías de la ventana, recibiendo un gran golpe, el cual le produjo fiebre y complicaciones que le tenían al borde de la muerte.

Nuestra casa es nuestro castillo, pero no es segura contra los juicios de Dios. Las celosías de la casa del hijo probaron ser tan fatales para él, como lo fue la flecha disparada a la deriva, a su padre.

Estando en esa condición, mandó a consultar a Baal-zebub, el dios de las moscas, que estaba en Ecrón, en tierra de los filisteos, para ver si viviría o moriría. La respuesta vendría por el poder de los demonios, o la sagacidad de los sacerdotes. Tal vez este era un nuevo ídolo que habían levantado los de Ecrón.

Baalzebub, dios de las moscas

No nos extraña a nosotros, pues en nuestros días cada rato se levanta un nuevo santo con pretensiones de milagroso, y las multitudes hacen grandes peregrinajes para ir a adorarlo. La ridiculez ha llegado a tal extremo que hay santas en ventanas, en los trenes subterráneos, y en las casas, las cuales son adoradas por miles de personas, entre ellas personas educadas.

La idolatría de nuestros días es tan inmensa, que la gente se abraza a los árboles para recibir poder. Otros están tratando de traspasar los límites de su vista para ver las "auras" en las personas. Que aquellos israelitas fueran idólatras, no nos sorprende. Que haya más idólatras en este siglo, cuando la Biblia está siendo predicada por todos los medios posibles; eso nos sorprende.

En el Nuevo Testamento, Baal-zebub es llamado: príncipe de los demonios (Mateo 12:24). Los dioses de los gentiles son llamados: demonios, en 1 Corintios 10:20.

Aparentemente aquel demonio llegó a ser tan famoso como años más tarde lo fue el oráculo de Delfos, en Grecia.

Verso 3-4: "Entonces el ángel de Jehová habló a Elías tisbita, diciendo: Levántate, y sube a encontrarte con los mensajeros del rey de Samaria, y diles: ¿No hay Dios es Israel, que vais a consultar a Baal-zebub dios de Ecrón?"

El Señor envió a Elías a encontrase con los mensajeros de Ocozías, para enviarle un mensaje al rey. La pregunta era: **¿No hay Dios en Israel? ¿Por qué vas a consultar a otros dioses y te olvidas del Dios de Israel?** Este era un gran pecado. (Isa. 47:12-14). El Señor, por medio de Elías le acusó, no sólo de pensar que el Dios de Israel no podía hablarle, sino de creer que no había Dios en Israel.

Entonces le envió el mensaje del juicio del Dios de Israel. Del lecho de enfermedad en que se hallaba, no se levantaría, sino que moriría. Si hubiera buscado a Jehová, él le hubiera sanado, más al buscar a los demonios firmó su sentencia eterna.

Verso 5-8: "Cuando los mensajeros se volvieron al rey, él les dijo: ¿Por qué os habéis vuelto? Ellos le respondieron: Encontramos a un varón que nos dijo: Id, y volveos al rey que os envió, y decidle así: ¿No hay Dios en Israel, que tú envías a consultar a Baal-zebub dios de Ecrón? Por tanto, del lecho en que estás no te levantarás; de cierto morirás.

"Entonces él les dijo: ¿Cómo era aquel varón que encontrasteis, y os dijo tales palabras? Y ellos le respondieron: Un varón que tenía vestido de pelo, y ceñía

sus lomos con un cinturón de cuero. Entonces él dijo: Es Elías Tisbita."

El rey se sorprendió al ver a los mensajeros regresar tan pronto. Ellos eran más obedientes a Dios que el rey, pues regresaron con el mensaje del profeta, y se lo dieron sin vacilar, y sin cambiarle una sola palabra.

Al rey inquirir de ellos la identidad del varón se dio cuenta que era Elías. El profeta estaba vestido con la misma ropa con que había aparecido ante su padre, el rey Acab.

Verso 9-10: "Luego envió él a un capitán de cincuenta con sus cincuenta, el cual subió a donde él estaba; y he aquí que él estaba sentado en la cumbre del monte. Y el capitán le dijo: Varón de Dios, el rey ha dicho que desciendas.

"Y Elías respondió al capitán de cincuenta: Si yo soy varón de Dios, descienda fuego del cielo, y consúmate con tus cincuenta. Y descendió fuego del cielo, que lo consumió a él y a sus cincuenta."

El malvado rey, reconociendo al profeta, el enemigo de su padre, le envía un capitán con 50 soldados a buscarle para matarlo. El capitán lo llama; Varón de Dios, no porque crea en él, sino porque ese era el nombre por el que se conocía. Elías le preguntó: "Si soy varón de Dios, ¿por qué me persigues?"

Elías llamó fuego del cielo, y el Dios del pacto, confirmó la palabra de sus labios, y el fuego cayó, en forma de un rayo, que consumió a la tropa. ¿Difícil de creer? Múdese a Tampa.

ELÍAS LLAMA FUEGO DEL CIELO Y CONSUME A LOS CAPITANES CON SUS SOLDADOS

Verso 11-12: "Volvió a enviar a él otro capitán con sus cincuenta; y le habló y dijo: Varón de Dios, el rey ha dicho así: Desciende pronto. Y le respondió Elías y dijo: Si yo soy varón de Dios, descienda fuego del cielo, y consúmate con tus cincuenta. Y descendió fuego del cielo, y los consumió a él y a sus cincuenta.

La segunda tropa vino al profeta. Elías le iba a mostrar a este nuevo grupo que el Dios de Israel tenía más poder que el rey para hacer obedecer sus mandamientos.

Estos grupos de soldados y sus capitanes eran todos israelitas. Otro rayo los quemó a todos. Elías era de más valor para Dios que diez mil soldados con sus capitanes.

Verso 13-14: "Volvió a enviar al tercer capitán con sus cincuenta; y subiendo aquel capitán de cincuenta, se puso de rodillas delante de Elías y le rogó, diciendo: Varón de Dios, te ruego que sea de valor delante de tus ojos mi vida, y la vida de estos cincuenta.

"He aquí ha descendido fuego del cielo, y ha consumido a los dos primeros capitanes de cincuenta con sus cincuenta; sea estimada ahora mi vida delante de tus ojos.

El tercer capitán se humilló ante Dios y Elías y se puso de rodillas buscando misericordia. ¿Se imagina el estado de aquellos cincuenta? 102 de sus compañeros habían sido fulminados por los rayos, más el rey había dado la orden y ellos debían obedecer aunque les costara la vida.

Verso 15-18: "Entonces el ángel de Jehová dijo a Elías: Desciende con él; no tengas miedo de él. Y se levantó, y descendió con el rey. Y le dijo: Así ha dicho Jehová: Por cuanto enviaste mensajeros a consultar a Baal-zebub dios de Ecrón, ¿no hay Dios en Israel para consultar en su palabra? No te levantarás, por tanto del lecho en que estás, sino que de cierto morirás.

"Y murió conforme a la palabra de Jehová, que había hablado Elías. Reinó en su lugar Joram, en el segundo año de Joram hijo de Josafat, rey de Judá; porque Ocozías no tenía hijo. Los demás hechos de Ocozías, ¿no están escritos en el libro de las crónicas de los reyes de Israel?"

El profeta descendió, obedeciendo el mandato del Señor. Los rayos que habían matado a los dos capitanes y a sus tropas, habían infundido grande respeto al profeta Elías.

Aunque al principio nos parecía un poco duro aceptar que el Señor matara a tantos, ahora entendemos sus propósitos.

Si él no hubiera hecho esto, el rey hubiera mandado a matar al profeta, y tal vez lo hubiera logrado, pero ante el hecho del fuego que bajaba del cielo al mandato de su voz, el rey le recibió con reverencia.

El rey murió como se lo había dicho Elías, por la palabra de Jehová, y reinó Joram su hermano. Ya hacía dos años que Joram hijo de Josafat reinaba en Judá. De modo que reinaron dos reyes llamados Joram al mismo tiempo: Uno en Judá, y otro en las diez tribus de Israel.

ELISEO SUCEDE A ELÍAS
Capítulo # 2

Versos 1-3: "Aconteció que cuando quiso Jehová alzar a Elías en un torbellino al cielo, Elías venía con Eliseo de Gilgal. Y dijo Elías a Eliseo: Quédate ahora aquí, porque Jehová me ha enviado a Bet-el: Y Eliseo dijo: Vive Jehová, y vive tu alma, que no te dejaré: Descendieron, pues a Bet-el. Y saliendo a Eliseo los hijos de los profetas que estaban en Bet-el, le dijeron: ¿Sabes que Jehová te quitará hoy a tu señor de sobre ti? Y él dijo: Si, lo sé; callad."

No se nos dice en que año de Acab apareció Elías, ni en qué año de Joram Dios lo levantó en el tornado. Lo que sí sabemos es que Dios le había revelado que se lo iba a llevar o a trasladar a otro lugar. Elías es tipo de Juan el Bautista, y Eliseo es tipo de Cristo.

Elías deseaba dejar a Eliseo en Gilgal, luego en Bet-el, y más tarde en Jericó, pero Eliseo no se dejó dejar. Los hijos de los profetas sabían por el don de sabiduría, que el Señor se iba a llevar a Elías, pero Eliseo también lo sabía.

Los dones que operan en el profeta son el de ciencia, (conocimiento de los misterios de la Palabra). Sabiduría, (Conocimiento de lo que Dios va a hacer en el futuro), y Sanidades.

Dios había permitido que en las diez tribus se levantaran estas escuelas de profetas, fundadas por Samuel, para que siempre hubieran representantes suyos en Israel. Cuando las tribus se dividieron en tiempos de Roboam hijo de Salomón, los sacerdotes se quedaron en Jerusalén en el templo, y los levitas se fueron a Jerusalén.

Versos 6-7: "Y Elías le dijo: Te ruego que te quedes aquí, porque Jehová me ha enviado al Jordán. Y él dijo: Vive Jehová, y vive tu alma, que no te dejaré. Fueron, pues, ambos. Y vinieron cincuenta varones de los hijos de los profetas, y se pararon delante de lejos; y ellos dos se pararon junto al Jordán."

Eliseo tampoco se quiso quedar en el Jordán. Él sabía que su maestro le iba a ser quitado, y no deseaba perder ni un minuto fuera de su lado.

Los hijos de los profetas, curiosos, se pararon de lejos a ver lo que pasaría. Todos sabían que aquel era el día en que Dios se llevaría a Elías. Dios no hace nada sin que lo revele a sus siervos los profetas, dice Amós 3:7

Elías abre el Río Jordán con su manto

Versos 8-9: "Tomando entonces Elías su manto, lo dobló, y golpeó las aguas, las cuales se apartaron a uno y otro

lado, y pasaron ambos por lo seco. Cuando habían pasado, Elías dijo a Eliseo: Pide lo que quieras que haga por ti, antes que yo sea quitado de ti. Y dijo Eliseo: Te ruego que una doble porción de tu espíritu sea sobre mí."

Elías debía pasar de Canaán a la tierra del este, de donde él era nativo. Al llegar al Joram, dobló su manto; el manto de oración que recibe cada niño hebreo cuando llega a los 13 años. El manto tiene 5 franjas azules en cada lado, (negras ahora). En las cuatro puntas, un cordón con 15 nudos, representando los nombres de Jehová. Cuando ellos van a orar, se cubren con el manto.

El profeta dobló el manto y golpeó el río Jordán. Él estaba pasando por donde Josué había pasado con el Arca y el pueblo a la tierra de Canaán; el mismo lugar donde Cristo sería bautizado siglos más tarde. El río se dividió, y ambos pasaron en seco. El Jordán había obedecido al arca; ahora obedece al manto.

Cuando Dios se lleva a sus fieles, la muerte es el Jordán; es el río que deben cruzar, un camino confortable, porque la muerte de Cristo ha dividido las aguas, para que pasen sus redimidos.

Al cruzar al otro lado, Elías le dijo a Eliseo que pidiera lo que quisiera de él. Eliseo, teniendo la oportunidad de enriquecerse con las mejores riquezas, pidió una doble porción de su espíritu.

El no pidió riquezas, ni honores, ni ser librado de problemas. El sólo pidió que Elías intercediera por él para que Dios, quien da el Espíritu, le concediera una doble porción de sus dones.

El no pidió el doble de lo que Elías había tenido, sino el doble de los dones que tenían los hijos de los profetas, a quienes él iba a servirle de padre.

Verso 10: "Él le dijo: Cosa difícil has pedido. Si me vieres cuando fuere quitado de ti, te será hecho así; más si no, no."

Elías le dijo que había pedido cosa difícil; no difícil para Dios, pero difícil para él recibirlos. Entonces le dijo: Si me ves partir, esa es la señal que los recibes.

Versos 11-12: "Y aconteció que yendo ellos y hablando, he aquí un carro de fuego con caballos de fuego apartó a los dos; y Elías subió al cielo en un torbellino.

"Viéndolo Eliseo, clamaba: ¡Padre mío, padre mío, carro de Israel y su gente de a caballo! Y nunca más le vio; y tomando sus vestidos, los rompió en dos partes."

El profeta Eliseo rompió sus vestidos en dos partes, en señal de luto por Elías.

Un convoy celestial vino a buscar a Elías. Los siervos fieles del Señor son escoltados por ángeles invisibles al otro mundo, pero Elías fue escoltado por un carro y caballos de fuego.

Los querubines, son llamados cabalgaduras, o carrozas. El Salmo 68:17 dice que los carros de Dios se cuentan por veintenas de millares de millares.

El Salmo 18: llama a los querubines, cabalgaduras, o caballos. Vea Zacarías. 1: 8 y 6:1.

UN CARRO DE FUEGO LEVANTÓ AL PROFETA ELÍAS

¿Cómo son los ángeles? Los únicos que han sido creados a imagen de Dios son los hombres. Los ángeles no fueron creados a imagen de Dios.

Los serafines son llamados, "ardientes". Ellos tienen seis alas, como los vio Isaías, capítulo 6. Los ángeles son cabalgaduras donde viene montada la Iglesia en su retorno a las nubes con Cristo, (Apocalipsis.19:14). A veces toman apariencia humana.

El carro y los caballos parecían de fuego, no para quemar, sino por el brillo; no para tortura, sino para rendir un glorioso homenaje ante los ojos de Eliseo y los hijos de los profetas que estaban mirando de lejos.

¿A dónde fue llevado Elías? No podemos pensar que al cielo, porque Jesús dijo en Juan 3: 13 que nadie había subido al cielo. Tal vez fue transformado y fue al Seno de Abraham, porque a ese lugar iban los espíritus sin cuerpo de los santos del Antiguo Testamento. Este es un misterio de los que Dios tiene escondidos, y es un tipo del traslado de los creyentes vivos en el Rapto.

PRIMER MILAGRO: ELISEO ABRIÓ EL JORDÁN CON EL MANTO DE ELÍAS

Versos 13-14: "Alzó luego el manto de Elías que se le había caído, y volvió, y se paró a la orilla del Jordán. Y tomando el manto de Elías que se le había caído, golpeó las aguas, y dijo: ¿Dónde está Jehová, el Dios de Elías? Y así que hubo golpeado del mismo modo las aguas, se apartaron a uno y a otro lado, y pasó Eliseo."

Ya Elías no necesitaba el manto. Su ministerio había concluido. Ahora el manto de profeta era para Eliseo. El usó el manto, invocando el nombre del Señor, y el Jordán dividió ante él.

Verso 15-18: "Viéndole los hijos de los profetas que estaban en Jericó al otro lado, dijeron: El espíritu de Elías reposó sobre Eliseo. Y vinieron a recibirle, y se postraron ante él.

"Y dijeron: "He aquí hay con tus siervos cincuenta varones fuertes; vayan ahora, y busquen a tu señor; quizá lo ha levantado el Espíritu de Jehová, y lo ha echado en algún monte o en algún valle. Y él les dijo: No enviéis.

"Mas ellos le importunaron, hasta que avergonzándose dijo: Enviad. Entonces ellos enviaron cincuenta hombres, los cuales lo buscaron tres días, mas no lo hallaron. Y cuando volvieron a Eliseo, que se había quedado en Jericó, él les dijo: ¿No os dije yo que no fueseis?"

Los hijos de los profetas que habían estado observando los sucesos desde el otro lado del Jordán, ahora rodean a Eliseo, sabiendo que ya es quien tiene el ministerio de Elías.

Ellos se postran ante él con reverencia, y se someten a él como su padre, como se sometió el pueblo a Josué después de la muerte de Moisés. Entonces decidieron a salir a buscar el cuerpo de Elías, a pesar que él les dijo que no fueran. Ellos habían pensado que tal vez Dios lo había dejado caer en algún lugar. Los cincuenta hombres regresaron a los tres días con las manos vacías.

Versos 19-22: "Y los hombres de la ciudad dijeron a Eliseo: He aquí, el lugar en donde está colocada la ciudad es bueno, como mi señor ve; mas las aguas son malas, y la tierra es estéril.

"Entonces él dijo: Traedme una vasija nueva, y poned en ella sal. Y se la trajeron. Y saliendo él a los manantiales

de las aguas, echó dentro la sal, y dijo: Así ha dicho Jehová: Yo sané estas aguas, y no habrá más en ellas muerte ni enfermedad. Y fueron sanadas las aguas hasta hoy conforme a la palabra que habló Eliseo.

Eliseo hizo el doble de los milagros de Elías. Aquí tenemos la bendición a las aguas de Jericó. La ciudad había sido reconstruida en desobediencia de un mandato de Dios, a expensas de la vida de los hijos del que la edificó.

SEGUNDO MILAGRO: LA SANIDAD DE LAS AGUAS

Sin embargo, una vez reconstruida no se le ordenó destruirla, ni se le prohibió a la gente o a los profetas habitar en ella. A ella vino Eliseo a confirmar las almas de los discípulos con detalles del traslado de Elías.

Los hombres de la ciudad le dieron la queja de que el agua no servía. Nada crecía con ella. El agua es una misericordia que debe ser estimada, porque cuando falta hay calamidades. Enseguida el profeta se dedicó a bendecir aquellas aguas.

Donde quiera que van los profetas, o los creyentes, deben tratar de endulzar almas amargadas y hacer que las almas estériles den fruto por la aplicación de la Palabra de Dios. Eliseo echó la sal en la cabeza del arroyo y así sanó el arroyo y las tierras que regaba.

Para reformar las vidas de los hombres, es necesario que sean sazonados con la sal de la gracia. Al purificar el corazón por el nuevo nacimiento, el corazón limpiará sus manos.

Eliseo usaba el Nombre del Señor para ayudarlos, para instruirlos, y para regirlos. La sanidad de las aguas fue duradera, no momentánea.

Versos 23- 25: "Después subió de allí a Bet-el; Y subiendo por el camino, salieron unos muchachos de la ciudad, y se burlaban de él, diciendo; ¡Calvo, sube! ¡Calvo, sube! "Y mirando él atrás, los vio y los maldijo en el nombre de Jehová. Y salieron dos osos del monte, y despedazaron de ellos a cuarenta y dos. De allí fue al monte Carmelo, y de allí volvió a Samaria."

Eliseo se dirigió a Bet-el, a la escuela de profetas. Aunque en Bet-el estaba uno de los becerros que construyera Jeroboam, Dios tenía allí a sus fieles estudiantes. La gente de la ciudad adoraba el becerro y odiaba a todo el que reprochara su idolatría.

Los jovencitos de la ciudad, habiendo oído que Elías había sido levantado al cielo en un carro de fuego, llamaban a Eliseo, Calvo; y le decían que subiera también.

TERCER MILAGRO: DOS OSOS Y CUARENTA Y DOS JÓVENES BURLADORES MUERTOS

Eliseo soportó con paciencia sus burlas, mirándoles seriamente, pero ellos no se avergonzaban, sino que incensados continuaban sus insultos. Entonces el profeta los maldijo por estar burlándose de un acto especial de Dios.

A pesar que todos estos niños eran israelitas, no habían sido educados por sus padres conforme a la ley de Dios.

Dos osos respondieron al llamado divino, y el juicio de los niños fue inmediato y terrible. 42 de ellos fueron hechos pedazos en un momento. Si los padres no los habían educado y disciplinado, Dios los disciplinaría por ellos. Así hoy, si los padres no disciplinan a sus hijos, las autoridades lo harán por ellos, y entonces el dolor de corazón será horrible.

REINADO DE JORAM EN ISRAEL (10 Tribus)

Capítulo # 3

Versos 1-3: "Joram hijo de Acab comenzó reinar en Samaria sobre Israel el año dieciocho de Josafat rey de Judá; y reinó doce años. E hizo lo malo ante los ojos de Jehová, aunque no como su padre y su madre; porque quitó las estatuas de Baal que su padre había hecho. Pero se entregó a los pecados de Jeroboam hijo de Nabat, que hizo pecar a Israel, y no se apartó de ellos."

Joram reinó siete años sobre Israel en tiempos de Josafat, rey de Judá: y cinco años en tiempos de Joram hijo de Josafat, rey de Judá. Joram, el hijo de Acab y Jezabel quitó las estatuas de los baales, pero se dedicó a la adoración de los becerros de Jeroboam.

Aquellos becerros que Jeroboam había hecho, cuando se separaron las tribus de las de Judá y Benjamín; uno en Dan y otro en Bet-el; eran para que el pueblo no tuviera que ir a Jerusalén, al Templo, sino que adoraran a Jehová ante aquellos becerros.

El pueblo de Israel creía que estaba haciendo bien, adorando e incensando a Jehová en aquellos altares, pero esto era una violación al segundo mandamiento, y a la ley de Dios que demandaba que se adorara solamente en el Templo en Jerusalén.

Así hoy, muchos adoran a Dios por medio de estatuas, creyendo que está bien, más para Dios eso es idolatría, violación del segundo mandamiento, y abominación.

Versos 4-7: "Entonces Mesa rey de Moab era propietario de ganados, y pagaba al rey de Israel cien mil corderos y cien mil carneros con sus vellones. Pero muerto Acab, el rey de Moab se rebeló contra el rey de Israel.

"Salió entonces de Samaria el rey Joram, y pasó revista a todo Israel. Y fue y envió a decir a Josafat rey de Judá: El rey de Moab se ha rebelado contra mí: ¿irás tú conmigo a la guerra contra Moab? Y él respondió: Iré, porque yo

soy como tú; mi pueblo como tu pueblo, y mis caballos como los tuyos."

La alianza de Josafat con Acab, había hecho que este rey Joram, fuera mejor que su padre y su madre, sin embargo, en él se cumpliría la sentencia divina.

El rey Joram de Israel heredó el problema de los moabitas de su hermano Ocozías. Los moabitas debían pagar tributo a Israel, y no lo hicieron. Josafat rey de Judá acudió al llamado de Joram por ayuda. El pacto le obligaba a ello.

Verso 8-12: "Y dijo: ¿Por qué camino iremos? Y él respondió: Por el camino del desierto de Edom. Salieron, pues, el rey de Israel, el rey de Judá, y el rey de Edom; y anduvieron rodeando por el desierto siete días de camino, les faltó agua para el ejército, y para las bestias que los seguían.

"Entonces el rey de Israel dijo: ¡A! que ha llamado Jehová a estos reyes para entregarlos en manos de los moabitas. Mas Josafat dijo: ¿No hay aquí profeta de Jehová, para que consultemos a Jehová por medio de él? Y uno de los siervos del rey de Israel respondió y dijo: Aquí está Eliseo hijo de Safat, que servía a Elías.

"Entonces Josafat dijo: Este tendrá palabra de Jehová. Y descendieron a él el rey de Israel, y Josafat, y el rey de Edom."

Josafat aconsejó a Joram rodear la tierra de Edom, para que el rey de Edom se uniera con ellos, ya que era tributario de Israel, pero la ruta era más larga que atravesando el Jordán, y estuvieron en el desierto siete días y les faltó el agua al ejército. Entonces Josafat, pidió un profeta de Dios para consultar a Jehová. Alguien dijo que Eliseo estaba cerca.

No debemos esperar la crisis para clamar al Señor. Mucha gente no se acuerda de Dios, sino cuando están pasando por problemas, y sólo después de agotar todos los otros medios. Pero Josafat era un rey dedicado a Jehová.

Versos 13-19: "Entonces Eliseo dijo a rey: ¿Qué tengo yo contigo? Ve ahora a los profetas de tu padre, y a los profetas de tu madre. Y el rey de Israel le respondió: No; porque Jehová ha reunido a estos tres reyes para entregarlos en manos de los moabitas. Y Eliseo dijo: Vive Jehová de los ejércitos, en cuya presencia estoy, que si no tuviese respeto al rostro de Josafat rey de Judá, no te miraría a ti, ni te viera.

"Más ahora traedme un tañedor. Y mientras el tañedor tocaba, la mano de Jehová vino sobre Eliseo, quien dijo: Así ha dicho Jehová. Haced en este valle muchos estanques.

"Porque Jehová ha dicho así: No veréis viento, ni veréis lluvia; pero este valle será lleno de aguas, y beberéis vosotros, y vuestras bestias y vuestros ganados. Y esto es cosa ligera de Jehová; entregará también a los moabitas en vuestras manos.

"Y destruiréis toda ciudad fortificada y toda villa hermosa, y talaréis todo buen árbol, cegaréis todas las fuentes de aguas, y destruiréis con piedras toda la tierra fértil."

Cuando el profeta Eliseo vio al rey de Israel, le preguntó por qué no había consultado a los profetas de Baal y los de Asera, los cuales eran muy apreciados por él a pesar de haber destruidos las estatuas.

Como rey, Joram era digno de ser respetado, pero como malvado y vil, era digno de ser menospreciado. Entonces Eliseo pidió un músico que tocara suavemente los cánticos divinos para prepararlo a recibir la voz del Señor.

Esa es la razón para los cánticos de alabanza y adoración en la congregación de los santos; para recibir la Palabra de Dios.

CUARTO MILAGRO: EL VALLE DE LAS ZANJAS

La mano de Dios vino sobre el profeta, y le ordenó hacer zanjas en el valle. El Señor las llenaría de agua, sin lluvia ni viento, para que vieran y apreciaran el milagro. ¿De dónde vendría el agua en aquel desierto? De la mano de Dios que hace manantiales en el desierto. Alguna fuente del abismo fue abierta en aquella ocasión, y sólo para aquel lugar.

Versos 20-23: "Aconteció, pues, que por la mañana, cuando se ofrece el sacrificio, he aquí vinieron aguas por el camino de Edom, y la tierra se llenó de aguas. Cuando todos los de Moab oyeron que los reyes subían a pelear contra ellos, se juntaron desde los que apenas podían ceñir la armadura en adelante, y se pusieron en la frontera.

"Cuando se levantaron por la mañana, y brilló el sol sobre las aguas, vieron los de Moab desde lejos las aguas rojas como sangre; y dijeron: ¡Esto es sangre de espada! Los reyes se han vuelto uno contra otro, y cada uno ha dado muerte a su compañero. Ahora, pues, ¡Moab, al botín!"

A la hora del sacrificio de la mañana, al amanecer, a las seis, la hora primera, Eliseo oraba, y comenzaron a venir las aguas del camino de Edom, hasta que se llenaron las zanjas.

Los moabitas veían las aguas rojas con el reflejo del sol del amanecer, y pensaron que era sangre de espada, sangre que corría, y creyendo que los ejércitos habían peleado entre sí, se precipitaron en busca del botín.

Versos 24-27: *"Pero cuando llegaron al campamento de Israel, se levantaron los israelitas y atacaron a los de Moab, los cuales huyeron de delante de ellos; pero los persiguieron matando a los de Moab.*

"Y asolaron las ciudades, y en todas las tierra fértiles echó cada uno su piedra, y las llenaron; cegaron también todas las fuentes de las aguas, y derribaron todos los buenos árboles; hasta que en Kir-hareset solamente dejaron piedras, porque los honderos la rodearon y la destruyeron.

"Y cuando el rey de Moab vio que era vencido en la batalla, tomó consigo setecientos hombres que manejaban espada, para atacar al rey de Edom; mas no pudieron.

"Entonces arrebató a su primogénito que había de reinar en su lugar, y lo sacrificó en holocausto sobre el muro. Y hubo grande enojo contra Israel; y se apartaron de él, y se volvieron a su tierra."

Cuando el rey de Moab se vio vencido, hizo el último esfuerzo contra Edom, pero Edom probó ser un hueso duro de roer. Entonces tomó a su hijo primogénito, el príncipe heredero y lo ofreció en holocausto sobre el muro a su dios Quemos, un demonio que se deleita en la sangre y el asesinato de la humanidad.

Era la costumbre del país sacrificar lo más amado a este dios, por lo que sacrificaban a sus hijos más queridos. El sacrificó sobre el muro, a la vista de todos para hacer odioso a Israel, quien lo había llevado a este extremo.

EL ACEITE DE LA VIUDA
Capítulo # 4

Versos 1-7: "Una mujer, de las mujeres de los hijos de los profetas, clamó a Eliseo, diciendo: Tu siervo mi marido ha muerto; y tú sabes que tu siervo era temeroso de Jehová; y ha venido el acreedor para tomarse dos hijos míos por siervos.

"Eliseo le dijo: ¿Qué te haré yo? Declárame qué tienes en casa. Y ella dijo: Tu sierva ninguna cosa tiene en casa, sino una vasija de aceite. Él le dijo: Ve pide para ti vasijas prestadas a los vecinos, vasijas vacías, no pocas.

Entra luego, y enciérrate tú y tus hijos; y echa en todas las vasijas, y cuando esté llena, ponla aparte.

"Y se fue la mujer, y cerró la puerta encerrándose ella y sus hijos; y ellos le traían las vasijas, y ella echaba el aceite. Cuando las vasijas estuvieron llenas, dijo a un hijo suyo: Tráeme otras vasijas. Y él dijo: No hay más vasijas. Entonces cesó el aceite.

QUINTO MILAGRO: LAS VACÍAS Y LLENAS DE ACEITE

"Vino ella luego, y lo contó al varón de Dios, el cual dijo: Ve y vende el aceite, y paga a tus acreedores; y tú y tus hijos vivid de lo que quede."

Los milagros de Eliseo eran para uso, no para espectáculo. Este fue un acto de caridad a una viuda y dos huérfanos. La mujer era viuda de uno de los hijos de los profetas. Tanto los profetas como los sacerdotes eran casados y tenían hijos, aunque ni Elías ni Eliseo eran casados. Su vida fue dedicada al servicio de Dios, pero no por una orden de celibato, sino por voluntad.

El muerto era bien conocido de Eliseo, y era uno de 7,000 que Dios había preservado de la idolatría común. Él había muerto pobre y endeudado; no porque fuera disoluto, sino por causa de la persecución de Jezabel.

Cuando los acreedores vinieron a tomar sus dos hijos como esclavos por la deuda, ella acudió al varón de Dios. ¿Qué haré por ti?, preguntó el profeta. No se podía hacer una colecta entre los hijos de los profetas porque todos eran muy pobres.

Entonces le preguntó si tenía algo en la casa. Ella dijo que tenía una vasija de aceite. Eso era suficiente. Dios necesitaba una semilla para multiplicar. El Señor le preguntó a Moisés: ¿Qué tienes en la mano? Él le respondió: Una vara. El Señor le dijo: Con esa vara harás los milagros.

La ley de la siembra y la cosecha la inventó el Señor. La mujer no dudó de la orden del profeta, sino que fue y se encerró con sus hijos. Los niños fueron buscando vasijas, muchas vasijas prestadas. Y la mujer derramaba aceite de su vasija; las llenaba y las ponía aparte.

Aquí vemos el símbolo de la Iglesia y la Palabra. El ministro es la vasija llena de aceite: Unción y Palabra. Cada creyente es una vasija. Los hijos deben buscar las vasijas. Cristo busca las vasijas, usando a los creyentes llenos del Espíritu. Las vasijas vacías son prestadas. El diablo es su amo. Cristo las compra con su sangre, y no las devuelve.

El aceite no se agotaba, mientras más vasijas traían, más llenaban. Al terminarse las vasijas, el aceite dejó de fluir. El río de Dios no se agota, pero nuestra fe falla. Por esa razón los creyentes no deben dejar de hablarle a las almas, y traerlas a la congregación para que sean llenas de la Palabra y de la unción del Espíritu.

¿Qué hubiera sucedido si los niños hubieran pedido las vasijas prestadas y las hubieran dejado en la casa de los que se las prestaron? Eso sucede cuando le hablamos a las almas y no las traemos a la congregación

Verso 8-11: *"Aconteció también que un día pasaba Eliseo por Sunem; y había allí una mujer importante, que le invitaba insistentemente a que comiese; y cuando él pasaba por allí, venía a la casa de ella a comer.*

"Y ella dijo a su marido: He aquí ahora, yo entiendo que éste que siempre pasa por nuestra casa, es varón santo de Dios. Yo te ruego que hagamos un pequeño aposento de paredes, y pongamos allí cama, mesa, silla y candelero, para que cuando él viniere a nosotros, se quede en él. Y

aconteció que un día vino él por allí, y se quedó en aquel aposento."

EL APOSENTO DEL PROFETA ELISEO EN CASA DE LA MUJER SUNAMITA

Sunem era una ciudad de Isacar, que estaba cerca de Gilboa. Aquella mujer israelita fue muy bondadosa con Eliseo. Su marido era un hombre rico, y ella era una mujer importante en la ciudad.

Eliseo también era un hombre importante, buscado por reyes para que les declarara la Palabra de Dios. Su paso por las ciudades no era ignorado. Sin embargo, él y su criado se hospedaban en alguna posada humilde.

La mujer lo notó y quiso prepararle un aposento al profeta, para que se hospedara en su casa. Los muebles serían sencillos, pero suplían la necesidad del profeta. La Palabra nos dice que el que recibe a un profeta, por cuanto es profeta, recibe recompensa de profeta. (Mat. 10:41).

Verso 12-17: "Entonces dijo a Giezi su criado: Llama a esta sunamita. Y cuando la llamó, vino ella delante de él. Dijo entonces a Giezi: Dile: He aquí tú has estado solícita por nosotros con todo este esmero; ¿qué quieres que haga por ti? ¿Necesitas que hable por ti al rey, o al general del ejército? Y ella respondió: Yo habito en medio de mi pueblo.

"Y él dijo: ¿Qué, pues, haremos por ella? Y Giezi respondió: He aquí que ella no tiene hijo, y su marido es viejo. Dijo entonces: Llámala. Y él la llamó, y ella se paró en la puerta.

"Y él le dijo: El año que viene, por este tiempo, abrazarás un hijo. Y ella dijo: No señor mío, varón de Dios, no hagas burla de tu sierva. Mas la mujer concibió, y dio a luz un hijo al año siguiente, en el tiempo que Eliseo le había dicho."

Eliseo se sintió muy agradecido con la solicitud de la mujer, y pensó darle una recompensa. Pero ¿qué le daría a una mujer que lo tenía todo? Entonces le ofrece favores en la corte del rey, pero ella no los necesitaba; ellos vivían confortablemente entre el pueblo.

Sin embargo, Giezi averiguó que la mujer no tenía hijo porque el marido era viejo. Entonces Eliseo oró al Señor para que le diera un hijo a la mujer, y el Señor se lo concedió, y le dio la fecha de su nacimiento. Al año siguiente se cumplió, y la sunamita abrazó a su hijo.

Verso 18-20: "Y el niño creció. Pero aconteció un día, que vino a su padre, que estaba con los segadores; y dijo a su padre: ¡Ay, mi cabeza, mi cabeza! Y el padre le dijo a un criado: Llévalo a su madre. Y habiéndole él tomado y traído a su madre, estuvo sentado en sus rodillas hasta el mediodía, y murió."

Podemos pensar que después del nacimiento del niño el profeta era doblemente bienvenido en el hogar de la sunamita. Ya el niño había pasado los peligros de la infancia, y vino a su padre al campo.

No sabemos si fue el frío, o el calor lo que le hizo daño al tierno niño, criado delicadamente. Lo cierto es que el niño murió en brazos de su madre. El niño prometido; el niño dado por amor, yacía muerto.

Verso 21-24: "Ella entonces subió, y lo puso sobre la cama del varón de Dios, y cerrando la puerta, se salió. Llamando luego a su marido, le dijo: Te ruego que envíes conmigo alguno de los criados, y una de las asnas, para que yo vaya corriendo al varón de Dios, y regrese.

"Él dijo: ¿Para qué vas a verle hoy? No es luna nueva, ni día de reposo. Y ella respondió: Paz. Después hizo enalbardar el asna, y dijo al criado: Guía y anda; y no me hagas detener en el camino, sino cuando yo te lo dijere."

La mujer no abrió su boca. Ella no le dijo a su marido que el niño había muerto. Su fe la llevó a depositar el niño muerto en la cama del profeta. Y partió hacia el monte Carmelo.

Verso 25-27: "Partió, pues, y vino al varón de Dios, al monte Carmelo. Y cuando el varón de Dios la vio de lejos, dijo a su criado Giezi: He aquí la sunamita. Te ruego que vayas ahora corriendo a recibirla, y le digas: ¿Te va bien a ti? ¿Le va bien a tu marido? ¿Le va bien a tu hijo? Y ella dijo: Bien.

"Luego que llegó a donde estaba el varón de Dios en el monte, se asió a sus pies. Y se acercó Giezi para quitarla; pero el varón de Dios dijo: Déjala, porque su alma está en amargura, y Jehová me ha encubierto el motivo, y no me lo ha revelado."

Cuando Giezi le hizo las preguntas a la sunamita, ella le dijo que todo estaba bien. Cuando el Señor llama a su lado a uno de nuestros seres queridos, debemos responder que está bien. Ella le dijo esto porque no era a Giezi a quien ella había venido a ver, sino al profeta.

Aunque muchas personas creen que los profetas lo saben todo, no es así. Ellos saben sólo lo que Dios les revela. Es un gran error preguntarle al profeta, lo que él no sabe. Lo que Dios le revela, ellos lo dicen sin necesidad de que se le pregunte.

Verso 28-31: "Y ella dijo: ¿Pedí yo hijo a mi señor? ¿No te dije que no te burlases de mí? Entonces dijo él a Giezi: Ciñe tus lomos, y toma mi báculo en tu mano, y ve; si alguno te encontrare, no lo saludes, y si alguno te saludare, no le respondas; y pondrás mi báculo sobre el rostro del niño.

"Y dijo la madre del niño: Vive Jehová, y vive tu alma, que no te dejaré. El entonces se levantó y la siguió. Y Giezi había ido delante de ellos, y había puesto el báculo sobre el rostro del niño; pero no tenía voz ni sentido, y así había vuelto para encontrar a Eliseo, y se lo declaró, diciendo: El niño no despierta."

Giezi había ido con el báculo del profeta y lo había puesto sobre el rostro del niño, pero no dio resultado. El niño no despierta.

ELISEO ORANDO POR LA VIDA DEL NIÑO

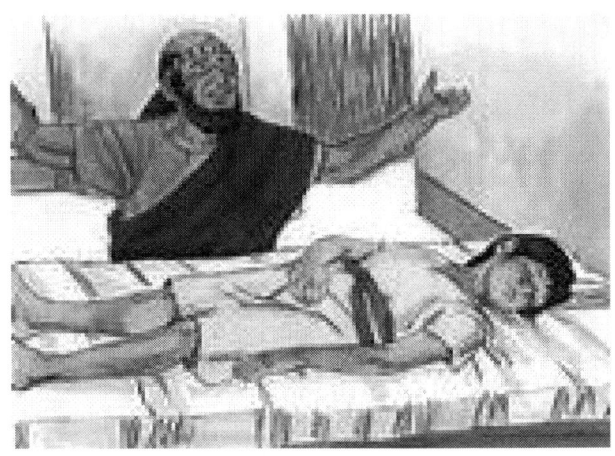

Verso 32-37: "Entrando él entonces a la casa, he aquí que el niño estaba muerto tendido sobre la cama. Entrando él entonces, cerró la puerta tras ambos, y oró a Jehová.

"Después subió y se tendió sobre el niño, poniendo su boca sobre la boca de él, y sus ojos sobre sus ojos, y sus manos sobre las manos suyas; así se tendió sobre él, el cuerpo del niño entró en calor.

"Volviéndose luego, se paseó por la casa a una y otra parte, y después subió, y se tendió sobre él nuevamente, y el niño estornudó siete veces, y abrió sus ojos. Entonces llamó él a Giezi, y le dijo: Llama a la sunamita. Y él la llamó. Y entrando ella, él le dijo: Toma tu hijo.

"Y así que ella entró, se echó a sus pies, y se inclinó a tierra; y después tomó a su hijo y salió."

El profeta Eliseo vio al niño muerto, y cerró la puerta para que nadie viera el milagro. Pensando que había tentado a Dios enviando a su criado con el cayado, sabiendo que el que Elías resucitó lo hizo echándose sobre él, él hizo lo mismo.

SEXTO MILAGRO: LA RESURRECCIÓN DEL El entonces oró al Señor que devolviera el alma del niño. Cuando Jesús resucitó a la hija de Jairo, al hijo de la viuda de Naín y a Lázaro, él ordenó que el alma volviera a los cuerpos, porque él es Dios, pero Elías y Eliseo tuvieron que pedir a Dios que los resucitara.

El profeta puso su boca sobre la boca del niño para en el Nombre de Jehová comunicarle el soplo de vida.

Entonces puso sus ojos sobre los del niño orando que el Señor le diera la luz de la vida; y luego sus manos sobre las manos suyas para que Dios le diera fortaleza.

Esto es símbolo del afecto sincero y la oración ferviente del que comunica el evangelio a las almas muertas.

HIJO DE LA SUNAMITA

Primero el cuerpo del niño entró en calor. Esto le dio valor al profeta para continuar en oración. Entonces el niño estornudó siete veces, lo cual era señal no sólo de vida, sino de vigor.

Los antiguos dicen que cuando Dios le dio el soplo de vida al cuerpo inerte de Adán, la primera evidencia de vida fue que estornudó. El niño estornudó siete veces porque el estornudo aclara la cabeza, y allí era que estaba el mal.

Verso 38-41: "Eliseo volvió a Gilgal cuando había una grande hambre en la tierra. Y los hijos de los profetas estaban con él, por lo que dijo a su criado: Pon una olla grande, y haz potaje para los hijos de los profetas. Y salió uno al campo a recoger hierbas, y halló una como parra montés, y de ella llenó su falda de calabazas silvestres; y volvió, y las cortó en la olla del potaje, pues no sabía lo que era.

SÉPTIMO MILAGRO: LA MUERTE ENLA OLLA, *Y LA SANIDAD MILAGROSA*

A causa de la idolatría de los israelitas volvió el hambre a Canaán. Eliseo estaba en la escuela de profetas de Gilgal. Uno de ellos fue a buscar hierbas para un guisado, ya que no había carne.

Cuando uno de ellos probó el potaje se dio cuenta que era venenoso. Las parras silvestres no sólo sabían amargas, sino que también eran nocivas al estómago.

El profeta Eliseo le echó un poco de harina. Es posible qu tuviera harina para espesarlo, pero había sido echada por una mano común. Aunque era la misma harina, echada

por la mano de Eliseo con la intención de sanar el potaje, demostró una vez más su poder divino.
e ya el potaje

OCTAVO MILAGRO: LA MULTIPLICACIÓN DEL PAN

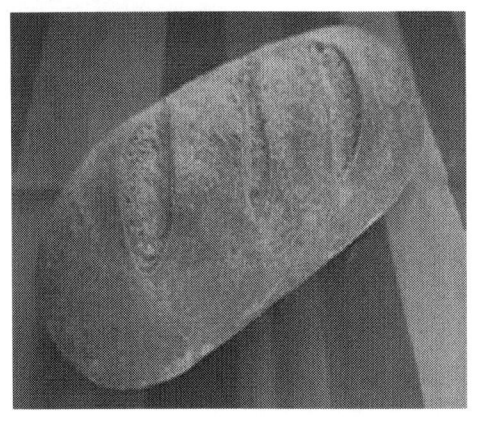

Verso 42-44: "Vino entonces un hombre de Baal-salisa, el cual trajo al varón de Dios panes de primicias, veinte panes de cebada, y trigo nuevo en su espiga. Y él dijo: Da a la gente para que coma.

"Y respondió su sirviente: ¿Cómo pondré esto delante de cien hombres? Pero él volvió a decir: Da a la gente para que coma, porque así ha dicho Jehová: Comerán, y sobrará.

"Entonces lo puso delante de ellos, y comieron, y les sobró, conforme a la Palabra de Jehová."

El profeta Eliseo estaba alimentando a los cien hijos de los profetas con el pan del cielo, la Palabra de Dios. Un hombre le trajo 20 panes de cebada. Estos panes eran las primicias de su cosecha. También le trajo algunas espigas de trigo. Pero, ¿qué era esto para cien hombres? El sirviente de Eliseo sabía que aquellos pequeños panes no serían suficientes para aquella congregación. Él no sabía que Dios había dicho que comerían y sobraría.

Esto lo haría el mismo Dios que siglos más tarde alimentaría cinco mil hombres, sin contar las mujeres ni los niños, con cinco panes y dos peces, y sobrarían doce canastas de fragmentos. Luego el Apóstol Pablo alimentaría a los náufragos milagrosamente. (Hechos 27:34-37.

ELISEO Y NAAMÁN

Capítulo # 5

LA ESCLAVA HEBREA; "DANDO FRUTO EN CUALQUIER CIRCUNSTANCIA"

Versos 1-3: "Naamán, general del ejército de rey de Siria, era varón grande delante de su señor, y lo tenía en alta estima, porque por medio de él había dado Jehová salvación a Siria. Era este hombre valeroso en extremo, pero leproso.

Y de Siria habían salido bandas armadas, y habían llevado cautiva de la tierra de Israel a una muchacha, la cual servía a la mujer de Naamán. Esta dijo a su señora. Si rogase mi señor al profeta que está en Samaria, él lo sanaría de su lepra."

Los milagros del Señor eran para las ovejas de Israel, sin embargo, una migaja le cayó a Rahab, la mujer de Canaán; así una migaja de los milagros de Eliseo fue hecho a un sirio, demostrando Dios con ello que él quiere que todos sean salvos.

Naamán era un hombre importante de Siria. Era el general de los ejércitos sirios, el poder detrás del trono. A él usaba Dios cuando deseaba castigar a Israel. Sin embargo era leproso.

Una joven hebrea había sido tomada cautiva y llevada como esclava a Siria, por la voluntad y propósito de Dios. Aunque estaba en aquel puesto de deshonra, no olvidaba las maravillas del Dios de Israel, y habló del varón de Dios a su ama la esposa del general.

Con esto aprendemos que no importa en la condición en que el Señor nos quiera tener, debemos saber que si estamos haciendo su voluntad, estamos ahí con un propósito, y para la gloria de Dios. Por eso debemos hablar de Cristo en donde quieran que nos encontremos.

Verso 5-7: "Y le dijo el rey de Siria: Anda, ve, y yo enviaré cartas al rey de Israel. Salió, pues él llevando consigo diez talentos de plata, y seis mil piezas de oro, y diez mudas de vestidos.

"Tomó también cartas para el rey de Israel, que decían así: Cuando lleguen a ti estas cartas, sabe por ellas que yo

envío a ti mi siervo Naamán, para que lo sanes de su lepra."

NAAMÁN, EL LEPROSO GENERAL SIRIO

"Luego que el rey de Israel leyó las cartas, rasgó sus vestidos, y dijo: ¿Soy yo Dios, que mate y dé vida, para que éste envíe a mí que sane a un hombre de su lepra? Considerad ahora, y ved cómo busca ocasión contra mí."

Ben-adad, rey de Siria le escribió a Joram rey de Israel para que sanara a Naamán. El rey de Israel se turbó, y pensó que el Ben-adad estaba buscando pleito con Israel. Él no podía sanar a nadie. ¿De dónde vendría aquella idea? Él no es Dios para sanar o matar. El único que puede hacer esto es Jehová. ¿Por qué entonces estaba adorando ídolos que no pueden matar ni dar vida? El rey reconoció que era simplemente un hombre.

Si él hubiera tenido amistad con Eliseo el profeta, no se hubiera turbado tanto. ¿No recordaba la misericordia de Dios cuando los moabitas se rebelaron, y lo que Dios hizo por medio del profeta Eliseo? El problema era que Eliseo lo único que hacía era reprocharle por sus creencias religiosas.

Verso 8: "Cuando Eliseo, el varón de Dios oyó que el rey de Israel había rasgado sus vestidos, envió a decir al rey: ¿Por qué has rasgado tus vestidos? Venga ahora a mí, y sabrá que hay profeta en Israel."

Cuando el profeta oyó de la turbación del rey, enseguida le mandó a decir que no se turbara que todavía Dios tenía profeta en Israel. Que le enviara a él. "Envíalo a mí, para que veas que aún hay Dios en Israel."

¿No puede ver la mano de Dios llamando una y otra vez al rey y a la nación a que vuelva a él?

Verso 9-10: "Y vino Naamán con sus caballos y con su carro, y se paró a las puertas de la casa de Eliseo. Entonces Eliseo le envió un mensajero, diciendo: Vé, y lávate siete veces en el Jordán, y tu carne se te restaurará, y serás limpio."

Naamán quiso honrar a Eliseo, viniendo con su carroza y sus siervos a la puerta del profeta, a implorar la sanidad para su lepra. Los que quieren ser limpios de su lepra espiritual, deben esperar con paciencia en la puerta de la sabiduría divina. La lepra del pecado es más difícil de sanar que la lepra de la carne. Ambas deben ser curadas por un acto de la bondad divina.

Eliseo no le recibió como lo esperaba el orgulloso general, sino que le envió un mensajero con un mensaje sencillo: Que se lave siete veces en el Jordán.

EL MENSAJE DE ELISEO A NAAMÁN: QUE SE LAVE SIETE VECES EN EL JORDÁN

¿Por qué no le recibió Eliseo? 1: Porque Naamán era leproso, y le estaba prohibido a los israelitas contaminarse con leprosos. 2: Para mostrarle que aunque era un gran general, ante Dios era sólo un hombre como otro cualquiera.

Verso 11-12: "Y Naamán se fue enojado, diciendo: He aquí yo decía para mí: Saldrá luego, y estando en pie invocará el nombre de Jehová su Dios, y sanará la lepra.

NAAMÁN ENOJADO POR EL FRÍO RECIBIMIENTO

"Abana y Farfar, ríos de Damasco, ¿no son mejores que todas las aguas de Israel? Si me lavare en ellos, ¿no seré limpio? Y se volvió y se fue enojado."

El general estaba furioso. Su orgullo estaba herido. El esperaba que Eliseo le hiciera una ceremonia especial, algo elaborado y rimbombante, como lo que hacían los sacerdotes de los dioses de Siria, y como lo hacen los sacerdotes idólatras de nuestros tiempos.

¿Qué clase de remedio es éste? Zambullirme siete veces en este río turbio, el Jordán. Abana y Farfar, son ríos más grandes y limpios que éste. Lo que él no sabía era que la receta la había dado Dios mismo.

LA LEPRA: TIPO DEL PECADO

La receta para la lepra del pecado es igualmente sencilla. A través de los siglos el hombre ha procurado limpiarse de su lepra espiritual acudiendo a elaborados métodos, y sacrificios; peregrinajes, negación de sí mismos, ascetismo, monasterios, flagelaciones e indecibles sufrimientos y grotescas costumbres. Sin embargo no han podido librarse de ella.

La receta de Dios sigue siendo tan sencilla: Ir al Calvario. Ir al río de sangre carmesí del sacrificio de Cristo. ¿Al Calvario, A Cristo? Pero ¿cómo puede uno recibir vida del que murió, libertad del condenado, y bendición del maldecido? A los judíos le parece blasfemia, y a los griegos locura, pero a los que se salvan es poder de Dios, sabiduría de Dios. 1 Corintios 1: 18-22.

¿Cuál era la diferencia que existía entre el Jordán, y los ríos de Damasco? Los ríos de Damasco eran claros, pero peligrosos. Ellos son tipo del mundo; engañoso, peligroso, mortal. Sus aguas cristalinas esconden en sus profundidades los lazos que llevan al hombre a la perdición eterna. El mundo nunca puede sanar la condición espiritual del hombre.

El Jordán era el río de Canaán, la tierra de Dios; símbolo de la Iglesia. Turbio, con los escándalos, pero ungido y sanador. Es tipo de la sangre de Cristo, el río que desciende de la cruz.

Él se dividió para dar paso al arca de Dios. Josué hizo un altar de piedras a Jehová en el medio del mismo. Elías lo abrió con su manto, y lo mismo hizo Elías. Más tarde Juan el Bautista bautizó en el Jordán al mismo Jehová, Emanuel, Dios con nosotros.

Verso 13-14: "Mas sus criados se le acercaron y le hablaron diciendo: Padre mío, si el profeta te mandara alguna gran cosa, ¿no la harías? ¿Cuánto más diciéndote: Lávate, y serás limpio?

"Entonces descendió, y se zambulló siete veces en el Jordán, conforme a la palabra del varón de Dios; y su

carne se volvió como la carne de un niño, y quedó limpio."

Los criados mostraron mucha sabiduría en el consejo que le dieron a su amo. Si él te hubiera mandado a hacer algo espectacular y difícil, lo hubieras hecho. ¿Por qué no obedeces a su palabra, si lo que te manda a hacer es tan sencillo?

MILAGRO NOVENO: NAAMÁN, SANADO DE LEPRA

"Cree en el Señor Jesús, y serás salvo. Arrepiéntete, apártate, y serás perdonado. Lávate y serás limpio." Naamán vio la lógica de sus siervos y obedeció; actuó en la palabra del profeta, y esa obediencia le fue contada como fe.

Verso 15-16: "Y volvió al varón de Dios, él y toda su compañía, y se puso delante de él, y dijo: He aquí ahora conozco que no hay Dios en toda la tierra sino en Israel. Te ruego que recibas algún presente de tu siervo.

"Más él dijo: Vive Jehová, en cuya presencia estoy, que no lo aceptaré. Y le instaba que aceptara alguna cosa, pero él no quiso."

Al ver Naamán la sanidad de su cuerpo, agradecido y lleno de gozo volvió al varón de Dios.

Jesús sanó diez leprosos, y sólo un samaritano regresó a darle las gracias. Así hizo este sirio. Entonces hizo confesión de su fe en el Dios de Israel. En ese momento renunció a sus ídolos mentirosos.

El general, que había traído tantos y tan costosos presentes, quería darlos a Eliseo, pero el profeta no los quiso aceptar. Aunque era pobre, y sus discípulos vivían en una gran pobreza, Eliseo no quiso aceptar pago por algo tan sublime que Dios había hecho.

Simón el Mago quiso comprar el don del Espíritu Santo que estaban recibiendo los samaritanos, y recibió la represión del apóstol Pedro.

Verso 17-18: "Entonces Naamán dijo: Te ruego, pues, ¿de esta tierra no se me dará a tu siervo la carga de un par de mulas?

Porque de aquí en adelante tu siervo no sacrificará holocausto ni ofrecerá sacrificio a otros dioses, sino a Jehová.

"En esto perdone Jehová a tu siervo: que cuando mi señor el rey entrare al templo de Rimón para adorar en él, y se apoyare sobre mi brazo, si yo también me inclinare en el templo de Rimón; cuando haga tal, Jehová perdone en esto a tu siervo."

ELISEO RECHAZA LOS REGALOS DE NAAMÁN

La cura de la lepra de Naamán, alcanzó la cura de su idolatría. El llevó tierra de Canaán para hacer un altar de tierra, y ofrecer sus holocaustos a Jehová. Aquella semilla se plantaría en Siria. Seguro que la jovencita que le recomendó recibió su recompensa, subiendo de posición en el hogar de Naamán.

Sin embargo, Naamán pide perdón si tiene que entrar al templo de Rimón, del brazo del rey en cumplimiento de su deber a su puesto en la corte del rey. Entonces le dice al profeta que aunque se tenga que inclinar en el templo, no lo hará por honrar al ídolo, sino al rey.

Verso 19: "Y él le dijo: Ve en paz. Se fue, pues, y caminó como media legua de tierra."

Eliseo trató con ternura al recién convertido, y le dijo que se fuera en paz. Aunque la petición de Naamán no era correcta, pues después de convertidos a Cristo debemos renunciar al templo de Rimón, mas por la promesa de no sacrificar a otros dioses sino a Jehová, y por su pedido de perdón en esta materia, que realmente no podía evitar, el profeta le despidió en paz. Él sabía que la semilla sembrada crecería y daría el fruto deseado a su debido tiempo.

Verso 20: "Entonces Giezi, criado de Eliseo el varón de Dios, dijo entre sí: He aquí mi señor estorbó a este sirio Naamán, no tomando de su mano las cosas que había traído. Vive Jehová, que correré tras él y tomaré de él alguna cosa. Giezi era el siervo de Eliseo; el que había sido testigo de los milagros, estaba en la escuela de profetas, pero la palabra no le había entrado.

Aún era carnal y corrupto. Así muchos llevan muchos años en el Evangelio, sin embargo, aunque se saben la Palabra de memoria, sus corrupciones no les permiten discernirla espiritualmente porque no se someten a ella.

Él pensó que su señor no había actuado sabiamente no tomando los presentes del sirio. Con su mente dominada por la codicia, se dijo: Yo no voy a ser tonto; le voy a pedir algo al sirio, y mi señor ni cuenta se dará.

GIEZI: EL CODICIOSO SIERVO DE ELISEO PIDIENDO DONES AL SIRIO

Verso 21-24: "Y siguió Giezi a Naamán; y cuando vio Naamán que venía corriendo tras él, se bajó del carro para recibirle, y dijo: ¿Va todo bien? Y él dijo: Bien. Mi señor me envía a decirte: He aquí vinieron a mí en esta hora del monte de Efraín dos jóvenes de los hijos de los profetas; te ruego que les des un talento de plata, y dos vestidos nuevos.

"Y dijo Naamán: Te ruego que tomes dos talentos. Y le insistió, y ató dos talentos de plata en dos bolsas, y dos vestidos nuevos, y lo puso todo a cuestas a dos de sus

criados para que lo llevasen delante de él. Y Así que llegó a un lugar secreto, él lo tomó de la mano de ellos, y lo guardó en la casa; luego mandó a los criados que se fuesen."

Veamos la malicia y la maldad de Naamán. El mintió al sirio diciendo que Eliseo le mandaba a pedir lo que se había negado a recibir. Esto era un tropiezo al recién convertido Naamán, quien era un gran señor, inteligente y sagaz.

¿Cómo era posible que el profeta cambiara de parecer en tan corto tiempo? Tal vez dudó del carácter firme del profeta. Sin embargo, le dio más de lo que el maligno Giezi le pedía. Tal vez Giezi no pudo engañar a Naamán.

Giezi llevó a los criados a un lugar secreto, y tomó los presentes de la mano de ellos, y los escondió en la casa donde vivía el profeta. Pobre Giezi; tan cerca del profeta, y tan lejos de Dios.

No nos sorprendemos si en la congregación hay un Giezi, con pecados escondidos, pero si estamos en comunión con el Señor, todo se descubrirá. El Señor siempre descubre a los Giezi, los que hacen mercadería del evangelio, y los que le roban a los nuevos convertidos aprovechándose de su inocencia.

Verso 25-27: "Y él entró, y se puso delante de su señor. Y Eliseo le dijo: ¿De dónde vienes, Giezi? Y él dijo: Tu siervo no ha ido a ninguna parte. El entonces le dijo: ¿No estaba también allí mi corazón, cuando el hombre volvió de su carro a recibirte?

¿EN DÓNDE ESTABAS GIEZI?

"¿Es tiempo de tomar plata, y de tomar vestidos, olivares, viñas, ovejas, bueyes, siervos y siervas?

Por tanto, la lepra de Naamán se te pegará a ti y a tu descendencia para siempre. Y salió de delante de él leproso, blanco como la nieve."

LA LEPRA DE NAAMÁN SE TE PEGARÁ A TI.

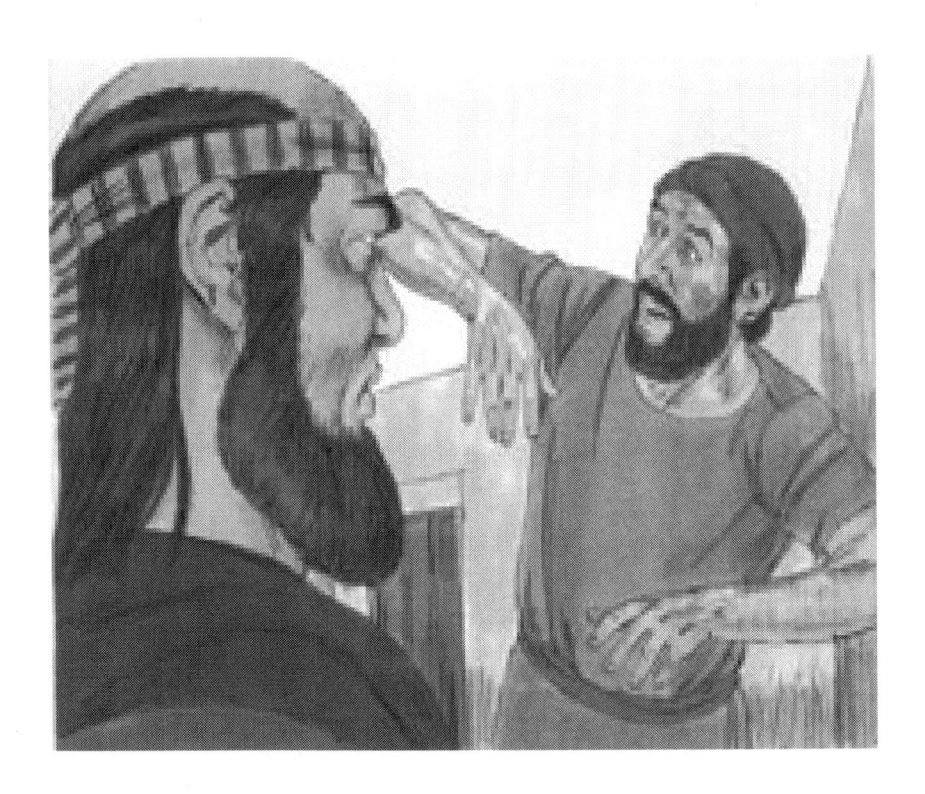

Giezi contestó con otra mentira al profeta. A pesar que vivía con el varón de Dios, creía que su pecado se mantendría en oculto como los presentes. Su pecado fue como el de Acán, en Josué 7. Jehová descubrió a Acán, en el Antiguo Testamento; y siglos más tarde descubriría a Ananías y a Zafira en el Nuevo Testamento. Ellos pagaron con sus vidas su pecado. Él es Jehová, Cristo; y no cambia.

El profeta lo sorprendió cuando le dijo que él estaba viendo sus tratos con Naamán. Giezi no había aprendido que los profetas tienen abiertos sus ojos espirituales.

La sentencia no fue la muerte como la de Acán, Ananías y Zafira, sino con algo peor. La lepra de Naamán, la muerte en vida, sería suya y de su descendencia para siempre. Inmediatamente se ejecutó la sentencia y Giezi salió de delante de él blanco como la nieve, despreciado, expatriado, expulsado de la congregación de los profetas, para morir en la soledad, dejando a su descendencia la maldición horrible.

Así que por dos talentos de plata, y dos mudas de vestidos, vendió su honor, su honra, su salud, su paz, su servicio; y si no se arrepintió, perdió también su alma.

ELISEO HACE FLOTAR EL HACHA
Capítulo # 6

Versos 1-7: "*Los hijos de los profetas dijeron a Eliseo: He aquí, el lugar en que moramos contigo es estrecho. Vamos, ahora al Jordán, y tomemos de allí cada uno una viga, y hagamos allí lugar en que habitemos. Y dijo él: Andad.*

"*Y dijo uno: Te rogamos que vengas con tus siervos. Y él respondió: Yo iré. Se fue, pues, con ellos; y cuando llegaron al Jordán, cortaron la madera. Y aconteció que mientras uno derribaba un árbol, se le cayó el hacha en el agua; y gritó diciendo: ¡Ah, señor mío, era prestada!*

"*El varón de Dios preguntó: ¿Dónde cayó? Y él le mostró el lugar. Entonces cortó él un palo, y lo echó allí; e hizo flotar el hacha.*"

La escuela de profetas de Gilgal estaba cerca del Jordán. Aparentemente donde quiera que estaba el profeta Eliseo, se reunían muchos de los estudiantes, y el lugar se había hecho muy pequeño para todos.

DÉCIMO MILAGRO: EL HACHA

Ya Giezi había sido echado del ministerio, por su condición de leproso, y otro había sido puesto en su lugar. Estos eran hombres pobres y humildes. Sin duda cuando los profetas de Baal necesitaban habitaciones, el rey la reina se las construían, pero los profetas de Jehová eran perseguidos, y tenidos como la escoria del mundo.

Sin embargo, entre ellos había personas industriosas que tenían conocimiento de construcción. Entonces decidieron agrandar su lugar. Fueron pues, al Jordán a buscar madera, y Eliseo fue con ellos.

A unos de ellos se les cayó el hacha en el Jordán. El río estaba bien hondo, no como ahora que ha sido represado en tantos lugares, que lo que queda de él es un hilo de agua.

No podemos pensar que no había quien supiera zambullir, el problema era que tal vez el agua bajaba de la montaña, y era rápida, con corrientes que se llevaba a un hombre por diestro que fuera, o que estaba crecido en ese tiempo.

Lo cierto fue que el profeta cortó un palo, y lo echó en las aguas, y milagrosamente el hacha de hierro salió a flote. Aparentemente este es un milagro sencillo, pero fue tan complicado como cuando Jesús reprendió la tormenta en el mar, o como cuando caminó sobre el mar.

El asunto es que aquel milagro fue contra las leyes de la naturaleza. Lo pesado se hunde en el agua. El hacha era de hierro, pero el Señor hizo que la ley natural fuera suspendida, para que uno de sus profetas no quedara mal y devolviera el hacha a su dueño.

Con este milagro aprendemos que no importa cuán hundido esté uno en el fango, la gracia divina, permite que el Sacrificio de Cristo llegue hasta el fondo del fango, y le eleve a la superficie; y salga como el lirio, que aunque sembrado en el lodo, la flor es de una blancura inmaculada. Así es el poder limpiador y restaurador de la sangre de Cristo.

ELISEO, EL REY Y LOS SIRIOS

Versos 8-12: "*Tenía el rey de Siria guerra contra Israel, y consultando con sus siervos, dijo: En tal y tal lugar estará mi campamento. Y el varón de Dios envió a decir al rey de Israel: Mira que no pases por tal lugar, porque los sirios van allí.*

"Entonces el rey de Israel envió a aquel lugar que el varón de Dios había dicho; y así lo hizo una y otra vez con el fin de cuidarse. Y el corazón del rey de Siria se turbó por esto; y llamando a sus siervos, les dijo: ¿No me declararéis vosotros quien de los nuestros es del rey de Israel?

Naamán descubre el secreto al rey de Siria

"Entonces uno de los siervos dijo: No, rey señor mío, sino que el profeta Eliseo está en Israel, el cual declara al rey de Israel las palabras que tú hablas en tu cámara más secreta."

Aquí tenemos a Eliseo con su don de profecía ayudando al rey de Israel, como antes había ayudado a los hijos de los profetas. Los dones que recibimos no son para nosotros disfrutar de ellos, sino para ministrar a las necesidades de los demás.

El rey de Siria, Ben-adad, estaba tratando de invadir a Israel. Desde que Acab le perdonó la vida, y pagó con la suya, los hijos de Acab; y ahora Joram, estaban en guerra con él.

El problema era que cuando se reunía con el general Naamán, y el resto de los capitanes de sus ejércitos, y planeaban una estrategia para algún lugar, cuando llegaba al mismo, encontraban que los ejércitos de Israel estaban acampados esperándolos en el lugar que habían escogido. Sus planes fracasaron más de una vez, por lo que sospechó que entre ellos había espías de Israel

Entonces uno de ellos; podemos suponer que fue Naamán, le dijo al rey que el problema no era que hubieran espías entre ellos, sino que el profeta Eliseo estaba en Israel, y éste tenía el don de conocer por revelación de Jehová, lo que el rey planeaba en su cámara más secreta.

Verso 13-16: "Y dijo: Id, y mirad dónde está, para que yo vaya a prenderlo. Y le fue dicho: He aquí que él está en Dotán. Entonces envió el rey allá gente de a caballo, y carros, y un gran ejército, los cuales vinieron de noche, y sitiaron la ciudad.

"Y se levantó de mañana y salió el que servía al varón de Dios, y he aquí el ejército que tenía sitiada la ciudad, con gente de a caballo y carros.

Entonces su criado le dijo: ¡A señor mío! ¿Qué haremos? Y él le dijo: No tengas miedo, porque son más los que están con nosotros que los que están con ellos."

El rey de Siria envió un gran ejército a prender a Eliseo. Tal vez ya Naamán le había informado que Eliseo no vivía en una fortaleza rodeada de guardas.

El necio rey pensaba que podría tomar a Eliseo por sorpresa. ¿Acaso no le había informado al rey Joram sus intenciones cuando las hablaba en secreto?

Cuando el siervo de Eliseo vio la ciudad rodeada por el ejército sirio, le dio grande temor. Él pensaba que no podrían huir, ni esconderse; definitivamente caerían en la mano del ejército.

Eliseo calmó a su criado con las palabras que dicen los siervos de Dios a los fieles cuando hay guerra por fuera, y temor por dentro: No temas. No temas con ese temor que tiene tormento y zozobra; pues los que están con nosotros son más que los que están contra nosotros; los ángeles siendo más numerosos, y Dios más poderoso.

Verso 17: "Y oró Eliseo, y dijo: Te ruego, oh Jehová, que abras los sus ojos para que vea. Entonces Jehová abrió los ojos del criado, y miró; y he aquí que el monte estaba lleno de caballos, y de carros de fuego alrededor de Eliseo."

MILAGRO # 11-ELISEO, EL SIERVO, Y LOS ÁNGELES GUERREROS

Con los ojos de carne abiertos, el criado sólo veía el peligro. Así que Eliseo oró a Dios para que le abriera los ojos del espíritu, con el que vería el mundo espiritual y la gran protección de diversas clases de ángeles que les rodeaban.

Los ángeles son mensajeros de Dios, sus soldados, sus legiones, o regimientos espirituales. Así la iglesia es el regimiento, el ejército y los mensajeros de Dios en este mundo.

El siervo de Eliseo se quedó pasmado, al ver con sus ojos espirituales los flameantes carros y caballos de fuego.

El mundo no conoce, ni puede ver la gloria espiritual que protege a la Iglesia, y a cada creyente en particular. El creyente bebé tampoco los puede ver porque su fe no se ha ejercitado en la Palabra. A medida que va conociendo la soberanía y el poder celestial le va perdiendo el temor a las calamidades del mundo.

Verso 18-20: "Y Luego que los sirios descendieron a él, oró Eliseo a Jehová, y dijo: Te ruego que hieras con ceguera a esta gente. Y los hirió con ceguera, conforme a la petición de Eliseo.

Después le dijo Eliseo: No es este el camino, ni es esta la ciudad; seguidme, y yo os guiaré al hombre que buscáis. Y los guió a Samaria.

"Y cuando llegaron a Samaria, dijo Eliseo: Jehová, abre los ojos de éstos para que vean. Y Jehová abrió sus ojos, y miraron, y se hallaron en medio de Samaria."

Eliseo oró pidiendo ceguera para los sirios. Jehová los cegó. No fue una ceguera total, sino que su vista fue alterada de manera que no reconocían a las personas ni a los lugares.

Era una ceguera mental, ceguera de los ojos del entendimiento. Este es el poder de Dios sobre las mentes y el entendimiento de los hombres.

El diablo usa esa misma clase de poder en los que se pierden; (1 Corintios 4:4, Efesios 1:18).

El ejército turbado no conoció a Eliseo, ni a la ciudad de Dotán. Siguieron al profeta obedientemente y éste los llevó a Samaria.

MILAGRO # 12: LA CEGUERA DEL EJÉRCITO SIRIO

Esta misma clase de ceguera era la que le venía a los que querían atacar a Jesús. El pasaba por en medio de ellos, y ellos no le reconocían. Así el Señor ciega los ojos de nuestros enemigos que pretenden hacernos daño. Esta es la misma ceguera que tienen los hombres que no tienen a Cristo. Esa ceguera los lleva a adorar los ídolos y a servir al diablo.

Cuando llegaron a Samaria, el Señor abrió los ojos del entendimiento a los sirios, y se dieron cuenta que estaban en la ciudad real. Seguramente se dieron cuenta que estaban rodeados de un gran ejército israelita listo a tomarlos prisioneros.

El diablo ciega los ojos de los hombres para llevarlos a la ruina, pero cuando Dios les abre los ojos, se ven a sí mismos rodeados de enemigos, cautivos de Satanás, y camino al infierno.

Verso 21-23: "Cuando el rey de Israel los hubo visto, dijo a Eliseo: ¿Los mataré, padre mío? Él le respondió: No los mates. ¿Matarás tú a los que tomaste cautivos con tu espada y con tu arco? Pon delante de ellos pan y agua, para que coman y beban, y vuelvan a sus señores."

"Entonces se les preparó una gran comida; y cuando habían comido y bebido, los envió, y ellos se volvieron a su señor. Y nunca más vinieron bandas armadas de Siria a la tierra de Israel."

El rey Joram, recordando que su padre debió haber matado al rey sirio, y no lo hizo, y aquella desobediencia le costó su vida, pidió el consejo a Eliseo.

Eliseo le respondió que el Señor los había traído a Samaria para humillarlos, no para matarlos. Entonces usó el argumento de los prisioneros de guerra. No se puede matar a los cautivos, porque esto es asesinato a sangre fría. Él le dijo que los tratara bien, y luego los enviara de vuelta a su tierra.

Elías había clamado por fuego del cielo contra sus enemigos, pero Eliseo clamó por misericordia, poniendo ascuas de fuego sobre sus cabezas para derretirlos. Y esto tuvo un buen efecto, pues las bandas armadas de Siria no volvieron a venir sobre Israel.

ELISEO Y EL SITIO DE SAMARIA

Versos 24-25: "Después de esto aconteció que Ben-adad rey de Siria reunió todo su ejército, y subió y sitió a Samaria. Y hubo gran hambre a consecuencia de aquel sitio; Tanto que la cabeza de un asno se vendía por ochenta piezas de plata, la cuarta parte de un cab de estiércol de paloma por cinco piezas de plata."

Pasado un año, los sirios se olvidaron de la bondad que habían recibido en Samaria, y el rey ordenó a sus ejércitos rodear a Samaria y sitiarla. Ellos lo hicieron sin haber recibido provocación alguna de parte de Israel.

A causa del sitio, no había tratos comerciales con otras provincias, y el alimento se escaseó en la ciudad. La condición llegó a tal extremo que la cabeza de una asno, un animal inmundo, era vendido por ochenta piezas de plata, y las lentejas, llamadas, estiércol de paloma, por el valor de seis huevos.

Verso 26-29: "Y pasando el rey de Israel por el muro, una mujer le gritó, y dijo: Salva, rey señor mío. Y él le dijo: Si no te salva Jehová ¿de dónde te puedo salvar yo? ¿Del granero, o del lagar? Y le dijo el rey: ¿Qué tienes? Ella respondió: Esta mujer me dijo: Da acá a tu hijo, y comámoslo hoy, y mañana comeremos el mío.

"Cocimos, pues, a mi hijo, y lo comimos. El día siguiente yo le dije: Da acá a tu hijo y comámoslo. Más ella ha escondido a su hijo.

El rey estaba pasando revista a sus arqueros por el muro de la ciudad. Entonces una mujer vino a él pidiendo justicia. El rey era también el juez. El rey Joram le contestó: ¿Por qué pides algo de mí, cuando Dios mismo está peleando contra nosotros? De todas maneras, ¿qué quieres?

Entonces la mujer le contó como ella había cocido y comido a su hijo, con su amiga, pero ahora la amiga no quería cocinar al suyo; y lo había escondido. Este era el cumplimiento de la maldición de la ley, registrada en Deuteronomio 28: 54-57.

El pueblo de Israel había violado el pacto de Jehová. Ellos se habían tornado a los ídolos, y la maldición del pacto les había alcanzado.

Verso 30-31: "Cuando el rey oyó las palabras de aquella mujer, rasgó sus vestidos, y pasó así por el muro; y el pueblo vio el cilicio que traía interiormente sobre su cuerpo. Y él dijo: Así me haga Dios, y aún me añada, si la cabeza de Eliseo hijo de Safat queda sobre él hoy."

El rey, quien antes había llamado a Eliseo, Padre mío, ahora procura su muerte. Él le echaba toda la culpa a Eliseo de las desgracias del pueblo. ¿No había sido Eliseo quien le había aconsejado que no matara a los sirios, sino que les diera comida y los enviara de regreso al rey de Siria?

REY JORÁN: "ELISEO ES EL CULPABLE: ¡PRENDEDLE!"

Así pensaba Joram, sin embargo, Eliseo no era el culpable, sino él. ¿Por qué no quitaba los becerros de Dan y de Bet-el, que eran la verdadera causa del problema?

Verso 32-33: "Y Eliseo estaba sentado en su casa, y con él estaban sentados los ancianos; y el rey envió a él un hombre. Más antes que el mensajero viniese a él, dijo él a los ancianos: ¿No habéis visto cómo este hijo de homicida envía a cortarme la cabeza? Mirad, pues, y cuando viniere el mensajero, cerrad la puerta, e impedidle la entrada. ¿No se oye tras él el ruido de los pasos de su amo?

"Aún estaba él hablando con ellos, y he aquí el mensajero que descendía a él; y dijo: Ciertamente este mal de Jehová viene. ¿Para qué he de esperar más a Jehová?"

El mismo Espíritu de Dios que le reveló a Eliseo lo que hacía el rey de Siria en su cámara secreta, le reveló el malvado plan del rey de Israel contra su vida. Entonces apeló a los ancianos para que ellos vieran si había mal en él. El llamó al rey, hijo de asesino, y en verdad lo era.

Eliseo escuchó los pasos del rey detrás del mensajero que el rey había enviado a cortarle la cabeza. El rey corrió detrás de él para evitarlo, por alguna convicción de conciencia, pero entonces se dijo: Este mal le viene a Eliseo de parte de Jehová.

Cuando Elí, David y Job dijeron: "Esto viene de parte de Jehová"; su paciencia aumentó, pero en este hombre perverso, la ira creció. Entonces dijo: "No temeré cosas peores, ni espero cosas mejores. Por peores no pueden ser, y mejores no vendrán. No hay remedio." Es irrazonable cansarse de esperar en el Señor, pues él es el Dios de los juicios, y los que esperan en él son bendecidos.

LA PROFECÍA DE ELISEO
Capítulo # 7

Versos 7-2: "Dijo entonces Eliseo: Oíd palabra de Jehová: Así dijo Jehová: Mañana a estas horas valdrá el seah de flor de harina un siclo, y dos seahs de cebada un siclo, a la puerta de Samaria."

"Y un príncipe sobre cuyo brazo el rey se apoyaba, respondió al varón de Dios, y dijo: Si Jehová hiciese ahora ventanas en el cielo, ¿sería esto así? Y él le dijo: He aquí tú lo verás con tus ojos, mas no comerás de ello."

El rey había venido a presenciar la ejecución del profeta Eliseo, pensando que el mal que deseaba hacerle era por mandato del Señor.

EL PRÍNCIPE QUE DUDÓ DE LA PALABRA DE DIOS

El profeta entonces profetizó, y habló la Palabra de Jehová. Al día siguiente habría tanta comida que los precios bajarían súbitamente. El príncipe, dudó de la Palabra y enseguida el profeta pronunció su sentencia de muerte.

La Palabra de Dios no puede ser cuestionada por nadie. ¿Qué es el hombre para dudar de lo que dice Dios por su Palabra? Evidentemente aquel era un príncipe que no creía en el profeta Eliseo. Él se puso a razonar, y de acuerdo a su percepción, no había forma en que se cumpliera aquello.

El problema era que él no sabía que Dios se glorifica en los imposibles. El que puso mesa en desierto a más de tres millones, por cuarenta años, ¿no podría hacer que la harina fina y la cebada fueran tan abundantes que inclinaran la balanza verticalmente?

LOS CUATRO LEPROSOS FUERA DE LA PUERTA

Verso 3-7: "Había a la entrada de la puerta cuatro hombres leprosos, los cuales dijeron el uno al otro; ¿Para qué no estamos aquí hasta que muramos? Si tratáremos de entrar en la ciudad, por el hambre que hay en la ciudad moriremos en ella; y si nos quedamos aquí, también moriremos. Vamos, pues, ahora, y pasemos al

campamento de los sirios; y si nos dieren la muerte, moriremos."

"Se levantaron, pues al anochecer, para ir al campamento de los sirios; y llegando a la entrada del campamento de los sirios, no había nadie allí.

"Porque Jehová había hecho que en el campamento de los sirios se oyese estruendo de carros, ruido de caballos, y estrépito de gran ejército; y se dijeron unos a otros: He aquí, el rey de Israel ha tomado a sueldo contra nosotros los reyes de los heteos y a los reyes de los egipcios, para que vengan contra nosotros.

"Así se levantaron y huyeron al anochecer abandonando sus tiendas, sus caballos, sus asnos, y el campamento como estaba; y habían huido para salvar sus vidas."

El sitio de Samaria fue levantado en la tarde, no por fuerza, ni por poder, sino por el Espíritu del Señor, sembrando el terror entre los sitiadores. Ellos oyeron estruendo de carros, de caballos y de gran ejército.

Este era el ejército celestial, el cual peleaba las batallas de Israel y de Judá. El ruido fue oído por los sirios, pero no por los israelitas, ni aún por los que estaban de guardia sobre los muros.

Así la Nube le daba oscuridad a los egipcios, y luz y calor al pueblo que salía de Egipto. Este mismo ejército fue el que pasó por encima de las moras en tiempo de David, (2 Samuel 5:23).

Los cuatro leprosos no tenían lugar donde ir. Los hebreos no los querían por causa de su lepra; en la ciudad morirían de hambre. Si se quedaban en donde estaban, se morirían de hambre. Lo mejor era ir a pedir misericordia a los sirios; y si los mataban, era mejor morir por la espada que morir de hambre. Como quiera estaban muertos.

Lo que ellos no sabían era que estaban siendo dirigidos por la mano divina, para que se cumpliera la palabra dada a Eliseo. Si no hubieran estado estos pobres leprosos en tan terrible condición, tal vez se hubieran tardado por cobardes, los israelitas en descubrir el botín sirio.

Así que el Señor que trabajó en la derrota de los sirios, trabajó en la mente de los leprosos. Cuando estos llegaron al campamento, encontraron que no había nadie.

Estos leprosos son representantes de la raza humana sin regenerar por la sangre de Cristo. Tiene que llegar para ellos un momento en su vida en que todas las puertas le sean cerradas, para que entonces clamen al cielo. Mientras el pecador encuentre otras posibilidades, no está listo para el cielo.

Verso 8-9: *"Cuando los leprosos llegaron al campamento, entraron en una tienda y comieron y bebieron, y tomaron de allí plata y oro y vestidos, y fueron y los escondieron; y vueltos, entraron en otra tienda, y de allí también tomaron, y fueron y lo escondieron.*

"Luego se dijeron el uno al otro: No estamos haciendo bien, Hoy es día de buena nueva, y nosotros callamos; y si esperamos hasta el amanecer, nos alcanzará nuestra

maldad. Vamos, pues, ahora, entremos y demos la nueva en la casa del rey."

Los leprosos festejaron en la primera tienda, y tomaron de ella el botín, también de la segunda, y pensaron enriquecerse. ¿No les habían echado de la ciudad por leprosos? Entonces el Señor les tocó la conciencia. No fueron ellos quienes los echaron, sino la ley.

También el Señor los convenció en su espíritu de que si esperaban para el día siguiente, les vendría algún mal por encubrir su hallazgo. Todo esto era para que se cumpliese la palabra de Eliseo.

LEPROSOS: "EL EJÉRCITO SIRIO SE FUE"

Verso 10-12: "Vinieron, pues, y gritaron a los guardas de la puerta de la ciudad, y les declararon, diciendo: Nosotros fuimos al campamento de los sirios, y he aquí que no había allí nadie, ni voz de hombre, sino caballos atados, y el campamento intacto.

"Los porteros gritaron, y lo anunciaron dentro, en el palacio del rey. Y se levantó el rey de noche, y dijo a sus siervos: Yo os declararé lo que nos han hecho los sirios. Ellos saben que tenemos hambre, y han salido de las tiendas y se han escondido en el campo, diciendo: Cuando hayan salido de la ciudad, los tomaremos vivos, y entraremos en la ciudad."

Los leprosos corrieron esa misma noche a la ciudad y gritaron la noticia a los porteros. Eran muy buenas noticias, pero el rey, experto en estratagemas, juzgó conforme a sus pensamientos. Él dijo que él sabía lo que le había sucedido a los sirios. Ellos estaban preparando una emboscada para derrotar a Israel.

Es cierto el dicho de que el ladrón juzga por su condición. Si se hubiera detenido a pensar un poco, si hubiera sido un poco más espiritual, se hubiera dado cuenta que la mano de Dios había hecho el milagro, como Eliseo lo había profetizado.

Verso 13-16: "Entonces respondió uno de sus siervos y dijo: Tomen ahora cinco de los caballos que han quedado en la ciudad (porque los que quedan acá también perecerán como toda la multitud de Israel que ya ha perecido), y enviemos y veamos qué hay.

"Tomaron, pues, dos caballos de un carro, y envió el rey al campamento de los sirios, diciendo: Id y ved. Y ellos fueron, y los siguieron hasta el Jordán: y he aquí que todo el camino estaba lleno de vestidos y enseres que los sirios habían arrojado por la premura. Y volvieron los mensajeros y lo hicieron saber al rey."

"Entonces el pueblo salió, y saqueó el campamento de los sirios. Y fue vendido el seah de flor de harina por un siclo, y dos seahs de cebada por un siclo, conforme a la palabra de Jehová.

El rey había enviado espías al campamento, regresaron los espías confirmando las palabras de los leprosos. Entonces el pueblo se precipitó al botín de los sirios. Así se cumplió la palabra de Jehová por medio de Eliseo, hasta la jota y la tilde.

Verso 17-20: *"Aconteció, pues de la manera que el varón de Dios había hablado al rey, diciendo: Dos seahs de cebada por un siclo, y el seah de flor de harina será vendido por un siclo mañana a estas horas a la puerta de Samaria.*

"A lo cual aquel príncipe había respondido al varón de Dios, diciendo: Si Jehová abriese las ventanas en el cielo, ¿pudiera suceder esto? Y él dijo: He aquí tú lo verás con tus ojos, mas no comerás de ello. Y le sucedió así; porque el pueblo le atropelló a la entrada, y murió."

Aquel príncipe que había dudado de la palabra de Dios, recibió su juicio a la puerta de la ciudad de Samaria. La multitud le atropelló, le pisoteó y le mató en la misma puerta., de acuerdo a la palabra de Dios por medio de Eliseo.

LOS BIENES DE LA SUNAMITA DEVUELTOS

Capítulo # 8

Versos 1-2. "*Habló Eliseo a aquella mujer a cuyo hijo él había hecho vivir, diciendo: Levántate, vete tú y toda tu casa a vivir donde puedas; porque Jehová ha llamado el hambre, la cual vendrá sobre la tierra por siete años.*

"*Entonces la mujer se levantó, e hizo como el varón de Dios le dijo; y se fue ella con su familia, y vivió en tierra de los filisteos siete años.*

El Señor le había revelado al profeta, que a causa de la idolatría de Israel, vendrían siete años de hambre. El profeta, agradecido de la sunamita, quien había sido tan bondadosa con él, le avisó para que ella escapara a tierra de los filisteos. Aparentemente el juicio del hambre era solamente para la tierra de Israel.

Es muy bueno estar bien informados de los planes de Dios, revelados en la Palabra para escapar de los juicios divinos.

Verso 3-6: "*Y cuando habían pasado los siete años, la mujer volvió de la tierra de los filisteos; después salió para implorar al rey por su casa y por sus tierras. Y había el rey hablado con Giezi, el criado del varón de Dios, diciéndole: Te ruego que me cuentes todas las maravillas que ha hecho Eliseo.*

"Y mientras él estaba contando al rey cómo había hecho vivir a un muerto, he aquí que la mujer, a cuyo hijo él había hecho vivir, vino para implorar al rey por su casa y por sus tierras. Entonces dijo Giezi: Rey señor mío, esta es la mujer, y este es su hijo, al cual Eliseo hizo vivir.

"Y preguntando el rey a la mujer, ella se lo contó. Entonces el rey ordenó a un oficial, al cual dijo: Hazle devolver todas las cosas que eran suyas, y todos los frutos de sus tierras desde el día que dejó el país hasta ahora."

El rey había estado preguntando a Giezi, acerca de los milagros obrados por medio del ministerio de Eliseo. Como no había sacerdote en Israel, tal vez al rey le tocaba inspeccionar a los leprosos. De esta manera se encontró con Giezi, el antiguo servidor de Eliseo, a quien él conocía de antemano.

Entonces el rey le preguntó a Giezi acerca de los milagros de Eliseo, uno de los cuales, el más espectacular fue la resurrección del hijo de la mujer sunamita.

Nada ocurre por casualidad. El Señor está en control de todas las situaciones en que se encuentran sus hijos. El traía a la mujer en el tiempo preciso a reclamar lo suyo, lo que le fue devuelto en su totalidad.

HAZAEL REINA EN SIRIA

Versos 7-8: "Eliseo se fue luego a Damasco; Ben-adad rey de Siria estaba enfermo, al cual dieron aviso, diciendo: El varón de Dios ha venido aquí. Y el rey dijo a Hazael: Toma en tu mano un presente, y ve a recibir al varón de Dios, y consulta por él a Jehová, diciendo: ¿Sanaré de esta enfermedad?

Eliseo había ido a Damasco, la capital de Siria, tal vez a visitar a Naamán, su convertido, quien ya había renunciado a su puesto, pues vemos que ahora es Hazael el general de los ejércitos sirios. El rey Ben-adad estaba enfermo. Cuando Hazael le informó que Eliseo estaba en sus medios, el rey envió a consultar por él a Jehová. Era cierto que el rey adoraba a su dios Rimón, pero en esta hora de necesidad, su dios no le servía.

RIMÓN EL IDOLO SIRIO

Encontramos un gran contraste entre el rey Ocozías, israelita, y Ben-adad, un gentil y pagano. En su enfermedad, Ocozías mandó a consultar al Baal-zebub, dios de las moscas de los filisteos. En su enfermedad, Ben-adad manda a consultar a Jehová, Dios de Israel.

A pesar de su enemistad constante contra Israel, el rey respetaba al profeta Eliseo y le honraba, especialmente por su bondad con el ejército sirio. (1 Reyes 6:18).

Ben-adad y Acab habían hecho un pacto nacional, (1Reyes 20-34). En 1 Reyes 22:31 vemos al rey Acab violando el pacto con Ben-adad, tres años después de establecido. El rey sirio envió sus capitanes a matar a Acab, ya que él no podía hacerlo por causa del pacto.

Versos 9-13: "*Tomó, pues, Hazael en su mano un presente de entre los bienes de Damasco, cuarenta camellos cargados, y fue a su encuentro, y llegando se puso delante de él, y dijo: Tu hijo Ben-adad rey de Siria me ha enviado a ti, diciendo: ¿Sanaré de esta enfermedad?*

ELISEO Y HAZAEL, REY SE SIRIA

"*Y Eliseo le dijo: Ve, dile: Seguramente sanarás. Sin embargo Jehová me ha mostrado que él morirá ciertamente. Y el varón de Dios le miró fijamente, y*

estuvo así hasta hacerlo ruborizarse; luego lloró el varón de Dios."

"Entonces le dijo Hazael: ¿Por qué llora mi señor? Y él respondió: Porque sé el mal que harás a los hijos de Israel; a sus fortalezas pegarás fuego, a sus jóvenes matarás a espada, y estrellarás a sus niños, y abrirás el vientre a sus mujeres que estén encintas.

"Y Hazael dijo: Pues, ¿qué es tu siervo, este perro, para que haga tan grandes cosas? Y respondió Eliseo: Jehová me ha mostrado que tú serás rey de Siria."

Hazael tomó de los almacenes reales cuarenta camellas cargadas de toda clase de regalos para Eliseo. Este presente era inmensamente mayor que el que había traído Naamán tres años antes.

Al ver a Hazael, Eliseo lloró. El conocía la profecía acerca de Hazael que Jehová le había dado al profeta Elías, (1 Reyes 19:15). El conocía que el reino de Hazael era para ser un instrumento de juicio por causa de la idolatría de Israel.

Ya Hazael había sido ungido por el profeta Elías. Era por eso que ya había llegado a ser el poder detrás del trono de Siria; el general de las fuerzas armadas.

Verso 14-15: "Y Hazael se fue, y vino a su señor, el cual le dijo: ¿Qué te ha dicho Eliseo? Y él respondió: Me dijo que seguramente sanarás. El día siguiente, tomó un paño y lo metió en agua, y lo puso sobre el rostro de Ben-adad, y murió; y reinó Hazael en su lugar."

Hazael no podía esperar más tiempo. El profeta le había dicho que Ben-adad sanaría. Entonces decidió asesinarlo para apoderarse del trono, que ya le había sido dado por la profecía de dos varones profetas de Jehová.

Hay una gran diferencia entre Hazael y David, aunque a ambos le fue dada profecía, y unción para rey. David tuvo que esperar casi 20 años para que se cumpliese la profecía dada a él. Y aunque tuvo la oportunidad de matar a Saúl, que se había vuelto su enemigo, no lo hizo por temor a Jehová. David fue ungido para bendecir a Israel; Hazael fue ungido para juicio de Israel.

REINADO DEL OTRO JORAM SOBRE JUDÁ

Versos 16-19: "En el quinto año de Joram hijo de Acab, rey de Israel, y siendo Josafat rey de Judá, comenzó a reinar Joram hijo de Josafat, rey de Judá. De treinta y dos años comenzó a reinar, y ocho años reinó en Jerusalén.

"Y anduvo en el camino de los reyes de Israel, como hizo la casa de Acab, porque una hija de Acab fue su mujer; e hizo lo malo ante los ojos de Jehová.

"Con todo eso, Jehová no quiso destruir a Judá, por amor a David su siervo, porque había prometido darle lámpara a él y a sus hijos perpetuamente."

Aquí tenemos la corta historia de Joram, el hijo del buen rey Josafat. El rey Josafat había reinado veinticinco años en Jerusalén, y había andado en los caminos de Jehová.

El rey Joram de Judá fue uno de los peores reyes, porque se casó con la hija de Acab y Jezabel, llamada Atalía y adoptó los ídolos de su mujer. El rey Josafat falló en permitir la unión de lo santo y lo profano, sabiendo que nada bueno puede venir de una unión tan desigual.

Dios no quiso exterminar a Judá con algún juicio, por amor a David; y porque de la línea de David vendría Cristo. Lo primero que hizo Joram fue matar a sus seis hermanos, y a los príncipes de Judá. (2 Cron. 21).

Verso 20-22: "En el tiempo de él, se rebeló Edom contra el dominio de Judá, y pusieron rey sobre ellos. Joram, por tanto, pasó a Zair, y todos sus carros con él; y levantándose de noche atacó a los de Edom, los cuales le habían sitiado, y a los capitanes de los carros; y el pueblo huyó a sus tiendas. No obstante, Edom se libertó del dominio de Judá, hasta hoy. También se rebeló Libna en el mismo tiempo."

Las represiones de Jehová vinieron en forma de la rebelión de Edom y de Libna. Los edomitas eran tributarios de los israelitas desde hacían 150 años, desde los tiempos de David. Aunque el ataque les falló a los edomitas al principio, al fin lograron desligarse de Judá, llegando a ser los peores enemigos de los israelitas.

Aquí se terminó de cumplir la profecía de Isaac, acerca de que el mayor serviría al menor, en Génesis 27:40.

Libna era una ciudad de sacerdotes en el corazón de Judá. Los habitantes se sacudieron del gobierno de Joram rey de Judá, porque éste había abandonado a Jehová, (2 Crón. 21:10). Tal vez otras ciudades hicieron lo mismo.

Jehová lo cortó a la edad de 40 años. Los hombres sanguinarios y engañadores son cortados a la mitad de sus días.

Verso 23-24: "Los demás hechos de Joram, y todo lo que hizo, ¿No están escritos en el libro de las crónicas de los reyes de Judá. Y durmió Joram con sus padres, y fue sepultado con ellos en la ciudad de David; y reinó en lugar suyo Ocozías, su hijo."

Los hechos de los reyes de Judá, y los de los reyes de Israel, están registrados en los libros 1 y 2 de Crónicas. Joram fue sepultado en la ciudad de David, pero no en el sepulcro de los reyes, (2 Crón. 21:20).

2 Crón. 21:12 habla de una carta que le enviara el profeta Elías a Joram rey de Judá. Esto es algo extraño, porque esta carta fue enviada en el año 892, A.C. Elías fue levantado en al año 896 A.C. Esto significa que la carta le fue enviada a este rey, cuatro años después del levantamiento del profeta Elías.

REINADO DE OCOZIAS EN JUDA

Versos 25-27: "En el año doce de Joram hijo de Acab, rey de Israel, comenzó a reinar Ocozías hijo de Joram, rey de Judá. De veintidós años era Ocozías cuando comenzó a reinar, y reinó un año en Jerusalén. El nombre de su madre fue Atalía, hija de Omri, rey de Israel.

"Y anduvo en los caminos de la casa de Acab, e hizo lo malo ante los ojos de Jehová, como la casa de Acab, porque era yerno de la casa de Acab. Y fue a la guerra

con Joram hijo de Acab a Ramot de Galaad, contra Hazael rey de Siria; y los sirios hirieron a Joram.

"Y el rey Joram se volvió a Jezreel para curarse de las heridas que los sirios le hicieron frente a Ramot, cuando peleó contra Hazael rey de Siria. Y descendió Ocozías hijo de Joram rey de Judá, a visitar a Joram hijo de Acab en Jezreel porque estaba enfermo."

Entre las personas comunes hay algunos que llamamos pequeños hombres. Estos son los que pasaron por esta vida sin reconocimiento. Entre los reyes también había reyes pequeños. Ocozías rey de Judá, era uno de estos.

Él era pequeño en la historia, y pequeño ante los ojos de Jehová por su vileza. La amistad entre Acab y Josafat fue tan fuerte que nombraron sus hijos con los mismos nombres. Ocozías significa: agarrando al Señor, y Joram: El Señor exalta.

Ocozías sólo reinó un año sobre Judá. Su madre fue la hija de Acab, el hijo de Omri, llamada Atalía. El derivó la maldad de los pechos de su malvada madre.

Su tío por parte de madre era el rey Joram de Israel. Este lo invitó a unirse con él en tratar d recobrar a Ramot de Galaad, que estaba en mano de los sirios. Por esto mismo su abuelo Acab había perdido su vida.

JEHU ES UNGIDO REY DE LAS 10 TRIBUS ISRAEL

Capítulo # 9

Versos 1-3. "Entonces el profeta Eliseo llamó a uno de los hijos de los profetas, y le dijo: Ciñe tus lomos, y toma esta redoma de aceite en tu mano, y ve a Ramot de Galaad. Cuando llegues allá, verás allí a Jehú, hijo de Josafat hijo de Nimsi; y entrando, haz que se levante de entre sus hermanos, y llévalo a la cámara.

"Toma luego la redoma de aceite y derrámala sobre su cabeza y di: Así dijo Jehová: Yo te he ungido por rey sobre Israel. Y Abriendo la puerta, echa a huir, y no esperes."

CAMBIO DE GOBIERNO EN LAS DIEZ TRIBUS: DE REYES A MILITARES.

Jehú era el general del ejército de Joram rey de Israel. Su padre era hijo de Nimsi, por eso no podemos confundirlo con el rey Josafat, quien era hijo de Asa. Ya Elías le había ungido hacía 17 años junto a Hazael, y Eliseo.

ELISEO UNJE A JEHÚ REY DE LAS 10 TRIBUS

Ya había llegado el tiempo para que fuera rey, por eso el profeta Eliseo envió a uno de los hijos de los profetas a ungirlo a Ramot de Galaad, donde estaba acampado el ejército.

Verso 4-10: "Fue, pues, el joven, el profeta, a Ramot de Galaad. Cuando él entró, he aquí los príncipes del ejército que estaban sentados. Y él dijo: Príncipe, una palabra tengo que decirte. Jehú dijo: ¿A cuál de nosotros? Y él dijo: A ti príncipe.

"Y él se levantó, y entró en casa; y el otro derramó el aceite sobre su cabeza, y le dijo: Así ha dicho Jehová Dios de Israel: Yo te he ungido por rey sobre Israel, pueblo de Jehová.

"Herirás la casa de Acab tu señor, para que yo vengue la sangre de mis siervos los profetas, y la sangre de todos los siervos de Jehová, de la mano de Jezabel. Y perecerá toda la casa de Acab, y destruiré de Acab todo varón, así al siervo como al libre.

"Y yo pondré la casa de Acab como la casa de Jeroboam hijo de Nabat, y como la casa de Baasa hijo de Ahías. Y a Jezabel la comerán los perros en el campo de Jezreel, y no habrá quien la sepulte. Enseguida abrió la puerta, y echó a huir."

Debemos notar que los reyes puestos por el Señor eran ungidos con aceite. Los demás heredaban la corona de sus padres. Jehú había sido ungido por Elías para reinar sobre Israel hacían diecisiete años. Había llegado el momento de tomar el reino, y Eliseo envió la redoma de aceite por medio de uno de sus discípulos.

Cuando el joven llegó al campamento, los príncipes estaban reunidos. El llamó a Jehú aparte, y le derramó el aceite sobre su cabeza. Entonces vino sobre el joven profeta la palabra de Jehová, y le dio las órdenes de Jehová acerca de la casa de Acab.

Verso 11-13: *"Después salió Jehú a los siervos de su señor, y le dijeron: ¿Hay paz? ¿Para qué vino a ti aquel loco? Y él les dijo: Vosotros conocéis al hombre y sus palabras.*

"Ellos dijeron: Mentira; decláranoslo ahora. Y él dijo: Así y así me habló, diciendo: Así ha dicho Jehová: Yo te he ungido por rey sobre Israel. Entonces cada uno tomó

apresuradamente su manto, y lo puso debajo de Jehú en un trono alto, y tocaron corneta, y dijeron: Jehú es rey.

Jehú regresó a los otros oficiales después de una pausa. El deseaba guardar lo sucedido en secreto, como había guardado lo de Elías, pero los oficiales insistieron en saber lo sucedido. ¿Qué te ha dicho aquel loco?

EL REY JEHÚ

Este era un desprecio al joven profeta. Ellos le conocían, pero lo llamaban loco, porque no corría con ellos en sus vicios, sino que vivía una vida santa. Por eso era que los profetas eran llamados locos por los necios del mundo.

Cuando Jehú les reveló lo que el joven profeta había dicho, todos le recibieron, y le hicieron rey sobre Israel. Aunque despreciaban al profeta, se apresuraron a honrar al nuevo rey.

Verso 14-16: "Así conspiró Jehú hijo de Josafat, hijo de Nimsi, contra Joram. (Estaba entonces Joram guardando a Ramot de Galaad con todo Israel, por causa de Hazael rey de Siria; pero se había vuelto el rey Joram a Jezreel, para curarse de las heridas que los sirios le habían hecho, peleando contra el rey de Siria.) Y Jehú dijo: Si es vuestra voluntad, que ninguno escape de la ciudad, para ir a dar las nuevas en Jezreel.

"Entonces Jehú cabalgó y fue a Jezreel, porque Joram estaba allí enfermo. También estaba Ocozías rey de Judá, que había descendido a visitar a Joram."

EL ATALAYA

Los militares tenían gran afecto a Jehú, por eso se apresuraron a hacerle rey de Israel. Él tenía el ejército con él, y cuando esto es así, el gobierno no permanece, porque el ejército es el poder detrás de los gobiernos y los reinos. Jehú decidió ir a Jezreel donde estaba Joram enfermo, y su sobrino Ocozías de visita.

Verso 17-20: *"Y el atalaya que estaba en la torre de Jezreel vio la tropa de Jehú que venía, y dijo: Veo una tropa. Y Joram dijo: Ordena a un jinete que vaya a reconocerlos, y les diga: ¿Hay paz?*

"Fue, pues, el jinete a reconocerlos, y dijo: El rey dice así: ¿Hay paz? Y Jehú le dijo: ¿Qué tienes tú que ver con la paz? Vuélvete conmigo. El atalaya dio luego aviso, diciendo: El mensajero llegó hasta ellos, y no vuelve.

"Entonces envió otro jinete, el cual llegando a ellos, dijo:

El rey dice así: ¿Hay paz? Y Jehú respondió: ¿Qué tienes tú que ver con la paz? Vuélvete conmigo.

"El atalaya volvió a decir: También éste llegó a ellos y no vuelve; y el marchar del que viene es como el marchar de Jehú hijo de Nimsi, porque viene impetuosamente."

LOS REYES JORÁN Y OCOCÍAS SIGUEN A JEHÚ.

De Ramot de Galaad a Jezreel había como un día de camino. Jehú había marchado rodeado de la tropa, para evitar que las noticias de su exaltación al trono de Israel llegaran a Jezreel.

Cuando el atalaya que estaba en la torre de vigilancia vio la tropa, lo anunció al rey y enviaron mensajeros, pero cuando los mensajeros hacían la pregunta: ¿Hay paz? Jehú los mandaba a seguirle. El atalaya dijo que los mensajeros eran tomados prisioneros por la tropa.

Verso 21-24: "Entonces Joram dijo: Unce el carro, Y cuando estaba uncido su carro, salieron Joram rey de Israel, y Ocozías rey de Judá, cada uno en su carro, y salieron a encontrar a Jehú, al cual hallaron en la heredad de Nabot.

"Cuando vio Joram a Jehú dijo: ¿Hay paz, Jehú? Y él respondió: ¿Qué paz, con las fornicaciones de tu madre, y sus muchas hechicerías? Entonces Joram volvió las riendas y huyó, y dijo a Ocozías: ¡Traición, Ocozías!

"Pero Jehú entesó su arco, e hirió a Joram entre las espaldas; y la saeta le salió por el corazón, y él cayó en su carro."

Joram y Ocozías salieron a encontrar a Jehú y su tropa. Los dos reyes no estaban preparados para la guerra. Jehú marchaba despacio, esperando que saliera Joram para despacharlo al otro mundo antes de entrar en la ciudad.

Se encontraron en la tierra que le había pertenecido a Nabot. El lugar era suficiente para hacer temblar a Joram, quien había heredado la culpa de la sangre. Jehú tenía el poder de la maldición de Elías hacia la casa de Acab, peleando en su favor.

Joram preguntó a Jehú si había paz. Este le respondió que nunca habría paz mientras él estuviera en los caminos de su malvada madre. Cuando Joram oyó acerca de los pecados de su madre, el corazón le falló. Una flecha disparada a la espalda del rey que huía, le penetró hasta el corazón. Y cayó dentro de su carro muerto. La rama principal de la casa de Acab había sido tronchada.

Verso 25-27: *"Dijo luego Jehú a Bidcar su capitán: Tómalo, y échalo a un extremo de la heredad de Nabot de Jezreel. Acuérdate que cuando tú y yo íbamos juntos con la gente de Acab su padre, Jehová pronunció esta sentencia sobre él, diciendo:*

"Que no he visto ayer la sangre de Nabot, y la sangre de sus hijos, dijo Jehová; y te daré la paga en esta heredad. Tómalo pues, ahora, y échalo en la heredad de Nabot, conforme a la palabra de Jehová

JEHÚ MATÓ A JORAN

El capitán Bidcar, tomó el cadáver de Joram y lo echó en la heredad de Nabot. Así Jehová vengó la sangre de los hijos de Nabot, que habían sido muertos junto con su padre, en la sangre del hijo de Acab, su asesino.

Verso 27-28: "Viendo esto Ocozías rey de Judá, huyó por el camino de la casa del huerto. Y lo siguió Jehú, diciendo: Herid también a éste en el carro. Y le hirieron a la subida de Gur, junto a Ibleam. Y Ocozías huyó a Meguido, pero murió allí. Y sus siervos le llevaron en su carro a Jerusalén, y allá le sepultaron con sus padres, en su sepulcro en la ciudad de David."

Si Ocozías no hubiera estado con Jorám, no hubiera muerto, pero él se había unido a su tío en afinidad y en iniquidad. Él era hijo de Atalía la hija de Acab, de manera que el juicio le alcanzó.

Verso 29-33: "En el año undécimo de Jorán hijo de Acab, comenzó a reinar Ocozías sobre Judá. Vino después Jehú a Jezreel; y cuando Jezabel lo oyó, se pintó los ojos con antimonio, y atavió su cabeza, y se asomó a una ventana.

"Y cuando entraba Jehú por la puerta, ella dijo: ¿Sucedió bien a Zimri, que mató a su señor? Alzando él entonces su rostro hacia la ventana, dijo: ¿Quién está conmigo? ¿Quién? Y se inclinaron hacia él dos o tres eunucos. Y él les dijo: Echadla abajo. Y ellos la echaron; y parte de su sangre salpicó en la pared, y en los caballos, y él la atropelló."

LA MUERTE DE JEZABEL

La delincuente más grande de la casa de Acab era Jezabel. Ella fue la que introdujo el culto a Baal; mató a los profetas del Señor; fue la causa de la muerte de Nabot; e instó primero a su marido, y luego a sus hijos a hacer lo malo. Ella fue la maldición en la tierra de Israel.

Su reino maligno había sobrevivido a tres reyes en Israel. Ella había oído de la muerte de su hijo de manos de Jehú.

Cuando oyó que Jehú entraba, ella, en vez de vestirse de luto por la muerte de su hijo, se arrebozó con sus atavíos de reina, se pintó los ojos y se arregló sus cabellos, como para intimidar a Jehú.

Jezabel se asomó a la ventana a desafiar a Jehú, diciéndole que le iba pasar lo mismo que a Zimri, el general de Ela, rey de Israel, quien después de asesinar al rey, sólo reino siete días, y murió de manos de Omri, otro general, que llegó a ser rey y padre de Acab, marido de la perversa Jezabel. (1 Reyes 16:8-20).

Cuando Jehú oyó la amenaza de Jezabel, alzó su rostro y la vio. Él no se dejó intimidar por las hechicerías de la bruja.

Entonces Jehú dio la orden, y los eunucos, los siervos de la reina; la echaron por la ventana, y cayó a los pies de los caballos del carro de Jehú. Estos la atropellaron, y su sangre salpicó la pared y los caballos.

Verso 34- 37: "Entró luego, y después que comió y bebió, dijo: Id ahora a ver a aquella maldita, y sepultadla, pues es hija de rey.

Pero cuando fueron para sepultarla, no hallaron de ella más que la calavera, y los pies, y las palmas de las manos.

LA PAGA DEL PECADO ES MUERTE

"Y volvieron, y se lo dijeron. Y él dijo: Esta es la palabra de Dios, la cual habló por medio de su siervo Elías tisbita, diciendo: En la heredad de Jezreel comerán los perros las carnes de Jezabel, y el cuerpo de Jezabel será como estiércol sobre la faz de la tierra en la heredad de Jezreel, de manera que nadie pueda decir: Esta es Jezabel."

Después de tomar posesión del palacio, y de haber comido y bebido, Jehú recordó a Jezabel. Le daría sepultura, pues había sido hija de rey, esposa de rey, y madre de reyes; pero cuando la fueron a buscar no quedaba de ella nada más que la calavera, los pies y las palmas de las manos. Los perros se la habían comido.

Entonces Jehú recordó la profecía de Elías. La carne de Jezabel, digerida por los perros, saldría en forma de estiércol de perros, y serviría de abono a la tierra. No fue digna de ser sepultada la que introdujo en Israel la idolatría a Baal, y planeó el asesinato de Nabot y sus hijos.

Su nombre y su descendencia desaparecerían de la tierra. Aquel nombre de Jezabel se inmortalizaría en las páginas de la Sagrada Escritura como un monumento de ignominia, de vergüenza, y de perdición eterna.

JEHU EXTERMINA LA CASA DE ACAB, (10 tribus)

Capítulo # 10

Versos 1-4: "Tenía Acab en Samaria setenta hijos; y Jehú escribió cartas y las envió a Samaria a los principales de Jezreel, a los ancianos y a los ayos de Acab, diciendo: Inmediatamente que lleguen estas cartas a vosotros los que tenéis a los hijos de vuestro señor, y los que tienen carros y gente de a caballo, la cuidad fortificada y las armas,

"Escoged al mejor y al más recto de los hijos de vuestro señor, y ponedlo en el trono de su padre, y pelead por la casa de vuestro señor. Pero ellos tuvieron gran temor, y dijeron: los setenta hijos de Acab He aquí, dos reyes no pudieron resistirle; ¿cómo le resistiremos nosotros?"

Jehú sabía que toda la casa de Acab debía ser exterminada. Esta era la costumbre de los reyes. Esto lo hacían para que no se levantara nadie a reclamar el trono. El único que no exterminó a la familia del rey saliente, fue David, a causa de su pacto con Jonatán.

Acab tenía setenta hijos, y nietos. Estos estaban siendo criados por las familias poderosas del reino. En la primera carta que envió Jehú a aquellas familias les daba la oportunidad de pelear por la corona de Acab, pero ellos ni siquiera lo intentarían.

EXTERMINIO DE LA CASA DE ACAB

Verso 5-7: "Y el mayordomo, el gobernador de la ciudad, los ancianos y los ayos enviaron a decir a Jehú: Siervos tuyos somos, y haremos todo lo que nos mandes; no elegiremos por rey a ninguno, haz lo que bien te parezca.

"Entonces les escribió la segunda vez, diciendo: Si sois míos, y queréis obedecerme, tomad las cabezas de los hijos varones de vuestro señor, y venid a mí mañana a esta hora, a Jezreel. Y los hijos del rey, setenta varones, estaban con los principales de la ciudad, que los criaban.

"Cuando las cartas llegaron a ellos, tomaron a los setenta varones, y pusieron sus cabezas en canastas, y se las enviaron a Jezreel."

La casa de Acab y Jezabel fue exterminada en un solo día. Los hijos de Acab estaban en Samaria, la ciudad real. Ellos habían sido llevados allá para protegerlos del rey de Siria, o cuando se dio la noticia de la rebelión de Jehú.

Todos ellos eran adoradores de Baal. Jehú no llevó sus tropas a Samaria. Las cartas fueron suficientes para que sus tutores los mataran y cumplieran la orden del nuevo rey.

Verso 8-11: "Y vino un mensajero que le dio las nuevas, diciendo: Han traído las cabezas de los hijos del rey. Y él dijo: Ponedlas en dos montones a la entrada de la puerta hasta la mañana.

"Venida la mañana, salió él, y estando en pie dijo a todo el pueblo: Vosotros sois justos; he aquí yo he conspirado contra mi señor, y le he dado muerte; pero ¿quién ha dado muerte a todos estos?

"Sabed ahora que de la palabra que Jehová habló sobre la casa de Acab, nada caerá en tierra; y que Jehová ha hecho lo que dijo por su siervo Elías.

"Mató entonces Jehú a todos los que habían quedado de la casa de Acab en Jezreel, a todos sus príncipes, a todos sus familiares, y a sus sacerdotes, hasta que no quedó ninguno."

Las cabezas de los hijos de Acab fueron divididas en dos montones y puestas en exhibición a la puerta de Jezreel todo el día y la noche.

Por la mañana se reunió Jehú con el pueblo, y les contó que él había matado a Jorám, pero que los hijos de Acab los habían matado sus mismos tutores. Entonces les recordó que todo esto era el cumplimiento de la palabra de Dios por medio de Elías.

Con la aprobación del pueblo, Jehú acabó de exterminar a toda la familia del rey hasta que no quedó ninguno.

Verso 12-14: "Luego se levantó de allí para ir a Samaria; y en el camino llegó a una casa de esquileo de pastores. Y halló allí a los hermanos de Ocozías rey de Judá, y les dijo: ¿Quiénes sois vosotros?: Somos los hermanos de Ocozías, y hemos venido a saludar a los hijos del rey, y a los hijos de la reina.

Entonces él dijo: Prendedlos vivos. Y después que los tomaron vivos, los degollaron junto al pozo de la casa del esquileo, cuarenta y dos varones, sin dejar ninguno de ellos.

El Señor permitió que los hermanos de Ocozías rey de Judá, estuvieran juntos, para que Jehú los exterminara también. Los hermanos mayores de Ocozías habían sido muertos por los árabes, (2 Crónicas 22:1-8).

Estos que Jehú está matando son los sobrinos del rey de Judá. El Señor lo permitió porque la sangre de ellos estaba manchada con la sangre de Acab, rey de Israel.

JEHÚ MATÓ A LOS HERMANOS DEL REY OCOCÍAS

Uno puede pensar que Jehú era un hombre cruel y sanguinario, pero debemos tener en mente que las guerras a las que los israelitas estaban acostumbrados, eran luchas cuerpo a cuerpo con espadas y lanzas. La artillería se componía de arcos y flechas, piedras (en catapulpas, más tarde). Así que para ellos la sangre era como agua.

Verso 15-16: "Y yéndose luego de allí, se encontró con Jonadab hijo de Recab; y después que lo hubo saludado, le dijo: ¿Es recto tu corazón, como el mío es recto con el tuyo? Y Jonadab dijo: Lo es. Pues que lo es, dame la mano. Y él le dio la mano. Luego lo hizo subir al consigo al carro. Y le dijo: Ven conmigo, y verás mi celo por Jehová. Lo pusieron, pues, en su carro."

Aunque Jonadab no era príncipe, ni profeta, ni sacerdote, ni levita, era nazareo, y era famoso por su devoción a Jehová, y su prudencia. 300 años más tarde Jer. 35: 6 le elogia a él y a sus hijos por su devoción y dedicación al Señor.

Los que se mantienen firmes en la fe en medio de una generación perversa y maligna tendrán su recompensa, y verán la victoria de Cristo.

JEHÚ REY DE ISRAEL

Verso 17: "Y luego que Jehú hubo llegado a Samaria, mató a todos que habían quedado de Acab en Samaria, hasta exterminarlos, conforme a la palabra de Jehová, que había hablado por el profeta Elías."

Jonadab fue con Jehú a Samaria, y fue testigo del exterminio de los parientes y los amigos íntimos de Acab, como había dicho el profeta Elías. Un hombre puede odiar la crueldad, y amar la justicia; y aunque no tenga sed de sangre, puede lavar sus pies en la sangre de sus enemigos, como dice el Salmo 58:10

Verso 18-22: "*Después reunió Jehú todo el pueblo, y les dijo: Acab sirvió poco a Baal, mas Jehú lo servirá mucho. Llamadme, pues, luego a todos los profetas de Baal, a todos sus siervos y a todos sus sacerdotes; que no falte uno, porque tengo un gran sacrificio para Baal; cualquiera que faltare no vivirá. Esto hacía Jehú con astucia, para exterminar a los que honraban a Baal.*

"*Y dijo Jehú: Santificad un día solemne a Baal. Y ellos convocaron. Y envió Jehú por todo Israel, y vinieron todos los siervos de Baal, de tal manera que no hubo ninguno que no viniese. Y entraron en el templo de Baal, y el templo de Baal se llenó de extremo a extremo.*

"*Entonces dijo al que tenía a cargo las vestiduras: Saca vestidura para todos los siervos de Baal. Y él les sacó vestiduras.*"

El servicio a Baal era el pecado que lloraba en la casa de Acab. La raíz de la idolatría había sido arrancada, pero multitudes continuaban infectados con ella, y podrían infectar a los demás.

La ley de Dios demandaba que fueran muertos, pero eran tan numerosos y además estaban dispersos por todo el país. Tal vez alarmados por los juicios de Jehú con la casa de Acab, se habían escondido. Por eso Jehú, usó de astucia para reunirlos a todos. El edicto decía que el que no viniera al gran sacrificio a Baal, sufriría la muerte.

El día señalado se llenó el templo de Baal que Acab había construido en Samaria. Todos los profetas fueron vestidos con el uniforme de Baal. Todos los contaminados con la idolatría estaban presentes.

Verso 23-28: "*Y entró Jehú con Jonadab hijo de Recab en el templo de Baal, y dijo a los siervos de Baal: Mirad y ved que no haya aquí entre vosotros algunos siervos de Jehová, sino solamente siervos de Baal. Y cuando ellos entraron para hacer sacrificios y holocaustos, Jehú puso fuera ochenta hombres, y les dijo: Cualquiera que dejare vivo a alguno de aquellos hombres que yo he puesto en vuestras manos, su vida será por la del otro.*

"Y Después que acabaron ellos de hacer el holocausto, Jehú dijo a los de su guardia y a los capitanes: Entrad y matadlos; que no escape ninguno. Y los mataron a espada, y los dejaron tendidos los de la guardia y los capitanes. Y fueron hasta el lugar santo del templo de Baal, y sacaron las estatuas del templo de Baal, y las quemaron.

"Y quebraron la estatua de Baal, y derribaron en templo de Baal, y lo convirtieron en letrinas hasta hoy."

Jehú los había traído a todos con engaños, diciéndoles que Acab había adorado poco a Baal, pero que él lo adoraría mucho. ¿Se imagina que estarían sintiendo los siervos de Jehová? Ellos no conocían el subterfugio de Jehú. Todo se estaba planeando en el más estricto secreto.

Los adoradores de Baal y sus profetas llegaron felices. El nuevo rey los reconocía y los ponía en alto. Tal vez le iba a ir mejor con Jehú, que con Jezabel. El templo de Baal era una copia del templo de Jerusalén, claro que muy inferior.

TEMPLO DE BAAL EN SIRIA

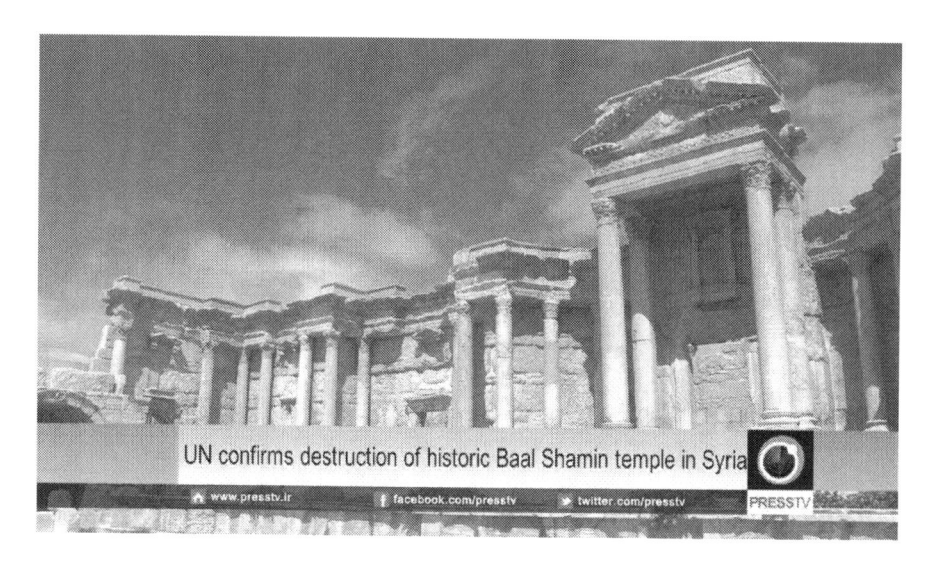

Los sacerdotes de Baal hicieron el holocausto en el altar del atrio. Jehú se aseguró que no estuviera presente ninguno de los siervos de Jehová. La ceremonia estaba en su apogeo; los sacerdotes con sus ricas vestiduras; las estatuas brillantes de limpias y recién pintadas para la magna ocasión. La estatua de Baal, o Júpiter, en la réplica del lugar santísimo.

Los siervos de Jehová escondidos, temblando y pensando en la nueva persecución que se levantaría contra ellos.

De pronto, Jehú dio la orden a Jehú los había traído a todos con engaños, diciéndoles que Acab había adorado poco a Baal, pero que él lo adoraría mucho. ¿Se imagina que estarían sintiendo los siervos de Jehová? Ellos no conocían el subterfugio de Jehú. Todo se estaba planeando en el más estricto secreto.

Los adoradores de Baal y sus profetas llegaron felices. El nuevo rey los reconocía y los ponía en alto. Tal vez le iba a ir mejor con Jehú, que con Jezabel. El templo de Baal era una copia del templo de Jerusalén, claro que muy inferior.

MUERTOS: LOS ADORADORES DE BAAL

Jehú dio orden a sus capitanes y a los guardas de matar a todos los que estuvieran dentro del templo de Baal. ¿Se imagina el susto y la sorpresa de los idólatras, al ver a aquellos ochenta expertos guerreros, cortando cabezas y abriendo vientres a su paso? No había salida, ni escapatoria. La justicia divina los había alcanzado. La mayoría de los muertos eran israelitas.

Después de haber ejecutado a los idólatras hasta no dejar uno, los capitanes y los guardas, se dedicaron a destruir todas las estatuas del lugar santo donde estaban los cuerpos muertos. Entonces entraron al lugar santísimo y derribaron la imponente estatua del dios del trueno. El lugar fue nivelado y dejado para letrinas públicas. El culto a Baal fue exterminado de la tierra de Israel.

ZEUS, O JÚPITER, EL DIOS DEL TRUENO

Verso 29: "Con todo eso, Jehú no se apartó de los pecados de Jeroboam hijo de Nabat, que hizo pecar a Israel; y dejó en pie los becerros de oro que estaban en Bet-el y en Dan."

Podemos entender el problema de Jehú. El también creyó que no era políticamente correcto ir a adorar a Jehová en Jerusalén. Así que decidió que el pueblo continuara adorando a Jehová con los becerros de oro que había hecho Jeroboam.

JEHÚ PERMITIÓ QUE EL PUEBLO CONTINUARA ADORANDO LOS BECERROS POR CUESTIONES POLÍTICAS

Lo que había comenzado tan bien, terminó en otro tipo de idolatría, no por convicción, sino por seguridad política. Por eso Jehú vendió su conciencia.

Nuestra oración es porque el Señor abra los ojos del entendimiento a los que todavía están adorando estatuas e imágenes con el nombre de Cristo, o de algún llamado santo, para que se den cuenta que Dios no se agrada de ello, porque es la violación del segundo mandamiento, (Exodo 20).

Verso 30-31: "Y Jehová dijo a Jehú: Por cuanto has hecho bien ejecutando lo recto delante de mis ojos, e hiciste la casa de Acab conforme a todo lo que estaba en mi corazón, tus hijos se sentarán sobre el trono de Israel hasta la cuarta generación.

"Más Jehú no cuidó de andar en la ley de Jehová Dios de Israel con todo su corazón, ni se apartó de los pecados de Jeroboam, el que había hecho pecar a Israel."

JEHÚ PERMITIÓ EL CULTO DE LOS B BECERROS

Aunque muchos acusaron a Jehú de crueldad, y le llamaron rebelde y usurpador, Dios le dijo que lo que había hecho era muy bueno. El extirpar la idolatría y los idólatras del reino era recto delante de los ojos de Jehová.

Dios le dio la promesa de que su descendencia se sentaría en el trono de Israel por cuatro generaciones. La casa de Acab había tenido cuatro reyes: Omri, Acab, Ocozías y Joram, pero los últimos habían sido hermanos, de modo que sólo alcanzó la tercera generación.

Pero Jehú descuidó la idolatría de los becerros. El destruyó el culto a Baal, pero se adhirió al culto de los becerros. El culto a Baal era un mal grande, pero el de los becerros era igualmente aborrecible a los ojos de Jehová, no sólo por la imagen de los becerros, sino por la violación de su Palabra.

Jehú cayó en el delito de Jeroboam, quien se inventó los becerros cuando las diez tribus se dividieron para que el pueblo de Israel no fuera a Jerusalén a adorar a Jehová. Él tenía miedo que el pueblo se volviera al rey de Judá; aunque el templo de Jerusalén estaba abandonado, olvidado y en ruinas.

Verso 32-33: "En aquellos días comenzó Jehová a cercenar el territorio de Israel; y los derrotó Hazael por todas las fronteras, desde el Jordán al nacimiento del sol, toda la tierra de Galaad, de Gad, de Rubén, desde Aroer que está junto al arroyo de Arnón, hasta Galaad y Basán."

El juicio le vino a Israel en tiempo del gobierno de Jehú. El que había comenzado bien, se descuidó. El pueblo se descuidó con él. Sus convicciones religiosas se enfriaron y la guerra tocó sus fronteras. Hazael le atacó por todos lados, especialmente en los territorios al este del Jordán, donde estaban las tribus de Gad, Rubén, Dan y la media tribu de Manasés, desde el río Arnón hasta Basán al norte.

Hazael rey de Siria fue muy malo con los israelitas, por eso en Amós 1:3-4 dice: *"Así ha dicho Jehová: Por tres pecados de Damasco, y por el cuarto no revocaré su castigo; porque trillaron a Galaad con trillos de hierro. Prenderé fuego en la casa de Hazael, y consumirá los palacios de Ben-adad.*

Verso 34-36: "Los demás hechos de Jehú, y todo lo que hizo, y toda su valentía, ¿no está escrito en el libro de las crónicas de los reyes de Israel? Y durmió Jehú con sus padres, y lo sepultaron en Samaria; y reinó en su lugar Joacaz su hijo. El tiempo que reinó Jehú sobre Israel en Samaria fue de veintiocho años.

Jehú reinó 28 años sobre las diez tribus de Israel en su capital, Samaria, pero porque no se consagró al servicio de Dios, las memorias de sus poderosas empresas fueron enterradas en el olvido.

ATALIA, LA ABUELA INFERNAL, USURPA EL TRONO
Capítulo # 11

Versos 1-3: "Cuando Atalía madre de Ocozías vio que su hijo era muerto, se levantó y destruyó toda la descendencia real. Pero Josaba hija del rey Joram, hermana de Ocozías, tomó a Joás hijo de Ocozías y lo sacó furtivamente de entre los hijos del rey a quienes estaban matando, y lo ocultó de Atalía, a él y a su ama, en la cámara de dormir, y en esta forma no lo mataron. Y estuvo con ella escondido en la casa de Jehová seis años; y Atalía fue reina sobre todo el país."

Dios le había prometido a David la continuidad de su familia en el trono de Judá. Aquí vemos que la lámpara de David fue casi extinguida por una abuela diabólica, hija de Acab y Jezabel, y mujer de Joram hijo de Josafat rey de Judá.

JOSABA SALVA AL NIÑO JOÁS

La reina madre Atalía oyó que Jehú había matado a su hijo el rey Ocozías. Jehú, mató a los sobrinos de Ocozías; los árabes mataron a sus hermanos. La reina mató a todos los hijos de Ocozías, sus mismos nietos, y usurpó el trono de Judá. Pero una hermana de Ocozías, hija de otra mujer, casada con Joiada, el sumo sacerdote; ocultó al niño Joás, el más pequeño de los príncipes.

No fue una casualidad que un rey malvado como Joram de Judá, casara a su hija con el sumo sacerdote. Algunos pensaban que una princesa no se debía casar con un sacerdote, pero Dios estaba en control.

Por otra parte, se sabe que las abuelas aman más a los nietos que a sus propios hijos, sin embargo, aquella malvada mujer, mató a tus propios nietos por causa de su ambición. Casi podemos entender su maldad cuando pensamos que era hija de la perversa Jezabel.

La tía ocultó al infante en su cámara, hasta que lo pudo llevar al templo, donde sería protegido por el sumo sacerdote. La reina no se ocupaba del templo, por lo cual el niño pudo ser escondido seis años. El interés de Joiada por el templo, le dio la oportunidad a la princesa de salvar al niño; y el interés de ella de preservar al niño, le dio a Joiada la oportunidad de ponerlo en el trono.

JOÁS, GUARDADO EN EL TEMPLO POR JOIADA, EL SUMO SACERDOTE

Verso 4-8: "*Mas el séptimo año envió Joiada y tomó jefes de centenas, capitanes y gente de la guardia, y los metió consigo en la casa de Jehová, e hizo con ellos alianza,*

juramentándolos en la casa de Jehová; y les mostró el hijo del rey.

"Y les mandó diciendo: Esto es lo que habéis de hacer: la tercera parte de vosotros tendrá la guardia de la casa del rey el día de reposo. Otra tercera parte a la puerta del postigo de la guardia; así guardaréis la casa, para que no sea allanada.

"Más las dos partes de vosotros que salen el día de reposo tendréis la guardia de la casa de Jehová junto al rey. Y estaréis alrededor del rey por todos lados, teniendo cada uno sus armas en las manos; y cualquiera que entrare en las filas, sea muerto. Y estaréis con el rey cuando salga y cuando entre."

Por seis años Atalía fue una tirana con el pueblo de Judá. Mientras Jehú estaba en Israel extirpando el culto a Baal, Atalía estaba estableciendo el culto a Baal en Judá. Entretanto el heredero estaba enterrado en la oscuridad. Así los herederos del cielo están escondidos, y el mundo no los conoce, (1Juan 3:1), pero el tiempo está estipulado cuando ellos aparecerán en gloria, como Joás.

Joiada, por su nacimiento era un hombre de autoridad, a quien el pueblo estaba obligado por la ley divina a respetar, especialmente cuando no había rey con derecho en el trono, (Deuteronomio 17:12.

Por matrimonio Joiada estaba ligado a la realeza; y si la semilla real, Joás, hubiera muerto; su mujer, Josaba, como hija de Joram, tenía más derecho a la corona que Atalía, mujer de Joram.

Había llegado el momento de presentar al pueblo de Judá a su legítimo rey. Joiada, hizo pacto con los sacerdotes y levitas y con el ejército; y los hizo jurar que no revelarían nada de lo sucedido, ni lo que estaba por acontecer.

Desde que Jeroboam hizo los becerros, y los puso en Dan y en Bet-el, Los levitas se habían ido para Jerusalén. Así que había una tribu completa de levitas siguiendo al sumo sacerdote Joiada.

Él puso los levitas y los sacerdotes en las avenidas del templo para mantener la guardia. El sábado había doble guardia en el templo, porque los de la noche anterior no se podían retirar hasta la caída del sol.

Estos debían guardar al nuevo rey de los ataques de los secuaces de Atalía; y proteger el templo para que no fuera profanado.

Versos 9-12: "Los jefes de centenas, pues, hicieron todo como el sacerdote Joiada les mandó; y tomando cada uno a los suyos, esto es, lo que entraban el día de reposo, y los que salían el día de reposo, vinieron al sacerdote Joiada.

Y el sacerdote dio a los jefes de centenas las lanzas y los escudos que habían sido del rey David, que estaban en la casa de Jehová.

Los guardias levitas armó Joiada con las espadas y los escudos del templo.

¡VIVA EL REY JOÁS! DE SIETE AÑOS DE EDAD

"Y los de la guardia se pusieron en fila, teniendo cada uno sus armas en sus manos, desde el lado derecho de la casa hasta el lado izquierdo, junto al altar y el templo, en derredor del rey.

"Sacando luego Joiada al hijo del rey, le puso la corona y el testimonio, y le hicieron rey ungiéndole; y batiendo las manos dijeron: ¡Viva el rey!"

Cuando todo estuvo listo, el sumo sacerdote Joiada presentó al rey. No era más que un niño, pero era hijo de nobles, de la simiente de David. Aunque Joás era un niño, tenía un mentor, un buen guardián, y lo que era mejor, la protección de Dios.

Joiada ungió al niño y le puso la corona. La corona real era mantenida en el templo, y era usada sólo para la coronación de los reyes. En las manos de niño depositó el rollo de la Ley, la Torah, la Biblia, para que la leyera todos los días de su vida. Entonces la multitud aplaudió al nuevo rey.

Verso 13-16: "Oyendo Atalía el estruendo del pueblo que corría, entró al pueblo en el templo de Jehová. Y cuando miró, he aquí que el rey estaba junto a la columna, conforme a la costumbre, y lo príncipes y los trompeteros junto al rey; y todo el pueblo del país se regocijaba, y tocaban las trompetas. Entonces Atalía, rasgando sus vestidos, clamó a voz en cuello: ¡Traición, traición!

"Más el sacerdote Joiada mandó a los jefes de centenas que gobernaban el ejército, y dijo: Sacadla fuera del recinto del templo, y al que la siguiere, matadlo a espada. (Porque el sacerdote dijo que no la matasen en el templo de Jehová.) Le abrieron, pues, paso; y en el camino por donde entran los de a caballo a la casa del rey, allí la mataron."

LA SORPRESA DE LA ABUELA

Joiada, los sacerdotes y levitas, y el ejército, habían planeado que cuando terminara la ceremonia de la coronación, iban a ir donde Atalía a enjuiciarla por sus crímenes, usurpación, y tiranía, pero la reina les evitó el trabajo.

Al oír el ruido de los aplausos, y el sonido de las trompetas, el pueblo acudió al templo. Atalía, acudió también al templo. Al ver al homenaje al rey, se dio cuenta que su reino había terminado, y gritó:

Joiada : Traición, traición. La gran traidora y usurpadora, pagaría con su vida sus hechos de sangre. En vez de descender al sepulcro con honra de reina abuela, moriría en el camino de los caballos, como traidora, idólatra y enemiga de la paz pública.

LA MUERTE DE ATALÍA.

Joiada no quiso que la mataran en el templo, para que no fuera manchado con un sacrificio humano. La orden era de matar también a todos los que siguieran a la reina. No se nos dice si alguien la siguió.

Atalía y Jezabel son tipos de la grande Ramera de Apocalipsis 17.

Versos 17-18: "Entonces Joiada hizo pacto entre Jehová y el rey y el pueblo, que serían pueblo de Jehová; y asimismo entre el rey y el pueblo. Y todo el pueblo de la tierra entró en el templo de Baal, y lo derribaron; asimismo despedazaron enteramente sus altares y sus imágenes, y mataron a Matán sacerdote de Baal delante de los altares. Y el sacerdote puso guarnición sobre la casa de Jehová."

Aprovechando la ocasión de que el pueblo estaba reunido, Joiada hizo pacto entre el pueblo, el rey y Jehová, y entre el rey y el pueblo. Este pacto obligaba al pueblo a renunciar a la idolatría; a servir a Jehová su Dios, y al rey.

También obligaba al rey a servir a Dios y al pueblo de Judá.

MATÁN, MURIÓ ABRAZADO A SU ÍDOLO BAAL

Al pueblo renunciar a Baal, el pueblo se dirigió al templo del ídolo. El templo de Baal estaba desierto, pero el sacerdote Matán se había agarrado al ídolo. Aunque todos abandonaran a Baal, él no lo haría. Así que, por su idolatría, pereció junto a su amado ídolo cuando éste y su templo fueron destruidos por el pueblo.

Verso 19- 21: "Después tomó a los jefes de centenas, los capitanes, la guardia, y todo el pueblo de la tierra, y llevaron al rey desde la casa de Jehová, y vinieron por el camino de la puerta de la guardia a la casa del rey; y se sentó el rey en el trono de los reyes.

"Y todo el pueblo de la tierra se regocijó, y la ciudad estuvo en reposo, habiendo sido Atalía muerta a espada

junto a la casa de rey. Era Joás de siete años cuando comenzó a reinar."

El rey fue traído al palacio y lo sentaron en el trono de los reyes, el trono del juicio, el trono de David. El rey estaba listo para recibir las peticiones y apelaciones, las cuales él refería a Joiada para que hiciera las decisiones.

El pueblo se regocijaba que al fin la paz había vuelto a Jerusalén, la ciudad del Gran Rey. Mientras tanto Jehú, rey de Israel estaba destruyendo la idolatría a Baal en las diez tribus de Israel, aunque por cuestiones políticas, mantuvo los becerros de Dan y Bet-el, con los cuales el pueblo pretendía adorar a Jehová.

REINADO DE JOAS EN JUDA

Capítulo # 12

Versos 1-3: "En el séptimo año de Jehú, comenzó a reinar Joás, y reinó cuarenta años en Jerusalén. El nombre de su madre fue Sibia, de Beerseba.

Y Joás hizo lo recto ante los ojos de Jehová todo el tiempo que le dirigió el sacerdote Joiada. Con todo eso, los lugares altos no se quitaron, porque el pueblo sacrificaba y quemaba incienso en los lugares altos."

Joás reinó cuarenta años. El murió de cuarenta y siete años, siendo dirigido por Joiada mientras era joven. Los lugares altos, puestos por Samuel y David; donde la gente adoraba antes de la construcción del templo;

y los altares personales; donde la gente adoraba a Jehová durante el reino de los reyes malos, cuando no había servicio en el templo; y los lugares altos puestos por Salomón; donde el pueblo se dedicaba a la idolatría, no fueron quitados.

La Reparación del Templo

Verso 4-6: "Y Joás dijo a los sacerdotes: Todo el dinero consagrado que se suele traer a la casa de Jehová, el dinero del rescate de cada persona según está estipulado, y todo el dinero que cada uno de su propia voluntad trae a la casa de Jehová, recíbanlo los sacerdotes, cada uno de mano de sus familiares, y reparen los portillos del templo dondequiera que se hallen grietas. Pero en el año veintitrés del rey Joás aún no habían reparado los sacerdotes las grietas del templo."

Aunque Salomón había construido el templo de materiales duraderos, habían pasado 130 años, y ya las paredes, los pisos y el techo tenían grietas. Por otra parte, "Atalía y sus hijos habían destruido la casa de Dios, y además habían gastado en los ídolos todas las cosas consagradas a Jehová." (2 Crónicas 24:7)

El mismo rey dio la orden de reparar el templo con los impuestos del templo; pero en el año 23 de su reino aún no se había reparado.

Versos 7-8: *"Llamó entonces el rey Joás al sumo sacerdote Joiada y a los sacerdotes y les dijo: ¿Por qué no reparáis las grietas del templo? Ahora, pues, no toméis más el dinero de vuestros familiares, sino dadlo para reparar las grietas del templo. Y los sacerdotes consintieron en no tomar más dinero del pueblo, ni tener el cargo de reparar las grietas del templo."*

Tal vez se recogía muy poco dinero de diezmos y ofrendas para todos los levitas y sacerdotes que vivían en Jerusalén y en Judá. Los levitas no tenían entrada, ni heredad; ellos debían vivir de los diezmos de las once tribus; pero ya no quedaba nada más que dos tribus; Judá y Benjamín; y el dinero no era suficiente.

Versos 9-16: *"Mas el sumo sacerdote Joiada tomó un arca e hizo en la tapa un agujero, y la puso junto al altar, a la mano derecha así que se entra en el templo de Jehová: y los sacerdotes que guardaban la puerta ponían allí todo el dinero que se traía a la casa de Jehová.*

"Y cuando veían que había mucho dinero en el arca, venía el secretario del rey y el sumo sacerdote, y contaban el dinero que hallaban en el templo de Jehová, y lo guardaban. Y daban el dinero suficiente a los que hacían la obra, y a los que tenían a su cargo la casa de Jehová; y ellos lo gastaban en pagar a los carpinteros y maestros que reparaban la casa de Jehová, y a los albañiles y canteros;

"Y en comprar la madera y piedra de cantería para reparar las grietas de la casa de Jehová, y en todo lo que se gastaba en la casa para repararla. Más de aquel dinero que se traía a la casa de Jehová, no se hacían tazas de plata, ni despabiladeras, ni jofainas, ni trompetas; ni ningún utensilio de oro ni de plata se hacía para el templo de Jehová;

Porque lo daban a los que hacían la obra, y con él reparaban la casa de Jehová. Y no se tomaba cuenta a los hombres en cuyas manos el dinero era entregado, para que ellos lo diesen a los que hacían la obra; porque lo hacían fielmente. El dinero por el pecado, y el dinero por la culpa, no se llevaba a la casa de Jehová, porque era de los sacerdotes."

Los sacerdotes iban a tener que vivir del dinero de las ofrendas por el pecado. Entre tanto, todo el dinero que entraba en la casa de Dios, era depositado en un cofre. De allí sacaba el sumo sacerdote y el tesorero del rey, el dinero para la reparación de las grietas. Ellos no gastaban en ornamentos, ni en adornos, sino en lo necesario para reparar el templo.

2 Crónicas 24:14 dice que cuando terminaron las reparaciones, trajeron al rey y a Joiada todo lo que quedaba del dinero, e hicieron de él utensilios para la casa de Jehová, utensilios para el servicio, morteros, cucharas, vasos de oro y plata." Aquí vemos que el pilón, es de procedencia judaica.

EL PUEBLO OFRENDANDO PARA EL TEMPLO

Versos 17-18: "*Entonces subió Hazael rey de Siria, y peleó contra Gat, y la tomó. Y se propuso Hazael subir contra Jerusalén; por lo cual tomó Joás rey de Judá todas las ofrendas que habían dedicado Josafat y Joram, y*

Ocozías sus padres, reyes de Judá, y las que él había dedicado, y todo el oro que se halló en los tesoros de la casa de Jehová y en la casa del rey, y lo envió a Hazael rey de Siria; y él se retiró de Jerusalén."

EL PUEBLO REGRESÓ A LA IDOLATRÍA

El sumo sacerdote Joiada murió de 130 años. Mientras él vivió, Joás fue fiel a Jehová; pero cuando murió Joiada, cayó en la idolatría, por lo cual Dios permitió que la mano de Hazael viniera sobre Judá.

EL PROFETA ZACARÍAS AMONESTA A JOAS Y ES APEDREADO POR ORDEN DEL REY

Entonces Zacarías, el hijo de Joiada, inspirado por el Espíritu de Dios le amonestó; el rey y los príncipes no le creyeron, y por mandato del rey lo apedrearon en el patio del templo. (2 Crónicas 24:15-21.)

Versos 19-21: "Los demás hechos de Joás, y todo lo que hizo, ¿no está escrito en el libro de las crónicas de los reyes de Judá? Y se levantaron sus siervos, y conspiraron en conjuración, y mataron a Joás en la casa de Milo, cuando descendía él a Sila; pues Josacar hijo de Simeat y Josabad hijo de Somer, sus siervos, le hirieron, y murió. Y lo sepultaron con sus padres en la ciudad de David, y reinó en su lugar Amasías su hijo."

Los mismos siervos de Joás conspiraron contra él y le mataron. Esto no lo hicieron por quitarle la corona, sino por venganza por el crimen cometido contra Zacarías, el sacerdote hijo de Joiada. En su justicia, Dios le hace saber a los reyes, que es en detrimento suyo, tocar a los ungidos de Dios y hacer mal a sus profetas. (2 Crónicas 24:25)

REINADO DE JOACAZ, HIJO DE JEHÚ SOBRE LAS 10 TRIBUS

Capítulo # 13

EL PECADO DE JEROBAOAM

Versos 1-2: "*En el año veintitrés de Joás hijo de Ocozías, rey de Judá, comenzó a reinar Joacaz hijo de Jehú sobre Israel en Samaria; y reinó diecisiete años. E hizo lo malo ante los ojos de Jehová, y siguió en los pecados de Jeroboam hijo de Nabat, el que hizo pecar a Israel; y no se apartó de ellos.*"

Aquí tenemos la historia del reinado del hijo de Jehú en Israel. El reinó 17 años en Israel, e hizo lo malo ante los ojos de Jehová. Lo bueno que había hecho su padre al principio de su reino, quitando el culto de Baal, no fue imitado por su hijo. El imitó más bien lo malo del fin de su reino. Como Jehú, él también sostuvo el culto a los becerros de Jeroboam por cuestiones políticas, más bien que religiosas.

Con tal que el pueblo no fuera a Jerusalén a adorar a Jehová, podían adorarlo con los becerros. Esta era una abominable rebelión contra la Ley de Dios, que traía juicio a toda la nación.

Versos 3-9: "Y se encendió la ira de Jehová contra Israel, y los entregó en manos de Hazael rey de Siria, y en mano de Ben-adad, hijo de Hazael, por largo tiempo.

"Más Joacaz oró en presencia de Jehová, y Jehová lo oyó; porque miró la aflicción de Israel, pues el rey de Siria los afligía. (Y les dio salvador a Israel, y salieron del poder de los sirios; y habitaron los hijos de Israel en sus tiendas como antes.

"Con todo eso, no se apartaron de los pecados de la casa de Jeroboam, el que hizo pecar a Israel; en ellos anduvieron; y también la imagen de Asera permaneció en Samaria.)

"Porque no le había quedado gente a Joacaz, sino cincuenta hombres de a caballo, diez carros, y diez mil hombres de a pie; pues el rey de Siria los había destruido, y los había puesto como el polvo para hollar. El resto de los hechos de Joacaz, y todo lo que hizo, y sus valentías, ¿no está escrito en el libro de las crónicas de los reyes de Israel? Y durmió Joacaz con sus padres, y lo sepultaron en Samaria, y reinó en su lugar Joás su hijo."

Por causa de su idolatría, y la afrenta hecha al Dios de Israel, y al pacto que habían violado, su Dios protector había retirado de ellos su protección divina, y Hazael rey de Siria los estaba devorando.

Ya no tenía Israel ejército, ni carros, ni caballos, sino sólo 10,000 hombres de a pie. Estos no eran suficientes para defender a Israel. Sin la ayuda del Señor, todo estaría perdido. El pueblo había tenido que huir a las montañas y a las cuevas por causa de las incursiones armadas que los sirios hacían a Israel.

Cuando Joacaz se vio perdido, se acordó de Dios, y clamó a él por misericordia. Dios le escuchó y le dio un salvador, aunque no en su tiempo, sino en el de su hijo.

Él había reinado 17 años. Este fue un reinado de amargura donde el poder de Israel menguó tanto que por poco es completamente eliminado. Hazael y su hijo Ben-adad, nombrado en memoria del rey a quien Hazael había asesinado, cumplió admirablemente la profecía que Eliseo le había dado hacían 36 años.

REINADO DE JOÁS HIJO DE JOACAZ SOBRE LAS 10 TRIBUS

Verso 10-13: "En el año treinta y siete de Joás rey de Judá, comenzó a reinar Joás hijo de Joacaz sobre Israel en Samaria; y reinó dieciséis años. E hizo lo malo ante los ojos de Jehová; no se apartó de todos los pecados de Jeroboam hijo de Nabat, el que hizo pecar a Israel; en ellos anduvo.

Los demás hechos de Joás, y todo lo que hizo, y el esfuerzo con que guerreó contra Amasías rey de Judá, ¿no está escrito en el libro de las crónicas de los reyes de Israel? Y durmió Joás con sus padres, y se sentó Jeroboam sobre su trono, y Joás fue sepultado en Samaria con los reyes de Israel."

Esta es la historia de Joás, el nieto de Jehú. La casa de Jehú estaba en paz con la casa de Judá, pues vemos que le puso el nombre del rey de Judá a su hijo. Sin embargo Joás hizo lo malo ante los ojos de Jehová. El anduvo en la misma idolatría de su padre y su abuelo.

Verso 14-19: "Estaba Eliseo enfermo de la enfermedad de que murió. Y descendió a él Joás rey de Israel, y llorando delante de él, dijo: ¡Padre mío, padre mío, carro de Israel y su gente de a caballo!

"Y le dijo Eliseo: Toma un arco y algunas saetas. Tomó él entonces un arco y algunas saetas. Luego dijo Eliseo al rey de Israel: Pon tu mano sobre el arco. Entonces puso Eliseo sus manos sobre las manos del rey, y dijo:

Abre la ventana que da al oriente. Y cuando él la abrió, dijo Eliseo: Tira. Y tirando él, dijo: Saeta de salvación de Jehová, y saeta de salvación contra Siria; porque herirás a los sirios en Afec hasta consumirlos.

ELISEO Y JOÁS REY DE LAS 10 TRIBUS

"Y le volvió a decir: Toma las saetas. Y luego que el rey de Israel las hubo tomado, le dijo: Golpea la tierra. Y él la golpeó tres veces, y se detuvo. Entonces el varón de Dios, enojado contra él, le dijo: Al dar cinco o seis golpes, hubieras derrotado a Siria hasta no quedar ninguno; pero ahora sólo tres veces derrotarás a Siria."

Ya Eliseo llevaba 60 años en el ministerio de profeta. Desde el reinado de Jehú rey de Israel, cuarenta años antes, al reinado de Joás, no hay más mención del profeta, hasta que lo volvemos a encontrar en su lecho de muerte.

Aunque Eliseo había recibido doble porción del espíritu de los demás profetas, no fue levantado en un carro de fuego, como Elías al fin de su ministerio. El hizo 9 milagros, durante los sesenta años de servicio. Elías hizo 5, registrados en las Escrituras.

El rey Joás rey de Israel, fue a visitar al profeta cuando supo que estaba enfermo. Algo bueno encontramos en este rey. Él amaba al anciano profeta, y cuando le vio, lloró por él. El rey usó las mismas palabras de lamento que el profeta había usado cuando Elías fue trasladado al primer cielo. Probablemente él había oído o leído la historia.

Eliseo le dio el mensaje divino de su triunfo sobre los sirios. Él le dijo: Aunque yo muera, el Señor es quien te dará la victoria.

Entonces le dijo que tomara la flecha, y puso su mano sobre la del rey, para que se diera cuenta que sus victorias venían de Dios. Abriendo la ventana que miraba hacia Siria; le dijo que disparara la flecha. Esta era la flecha de salvación, la señal de la presencia divina en sus combates.

Eliseo entonces le dijo que tomara tres flechas más, y con ellas golpeara la tierra. El rey lo hizo tres veces, y se detuvo. Entonces el profeta le regañó. ¿Por qué se detuvo? ¿Por incredulidad? ¿Por compasión a los sirios? No sabemos.

Verso 20-21: "Y murió Eliseo, y lo sepultaron. Entrado el año, vinieron bandas armadas de moabitas a la tierra. Y aconteció que al sepultar unos a un hombre, súbitamente vieron una banda armada, y arrojaron el cadáver en el sepulcro de Eliseo; y cuando llegó a tocar el muerto los huesos de Eliseo, revivió, y se levantó sobre sus pies."

EN LOS HUESOS DEL PROFETA HAY VIRTUD

Eliseo murió y fue sepultado. Entretanto bandas de moabitas, ladrones y asesinos, invadían la tierra, y la saqueaban por sorpresa. El rey temía a los sirios, pero ahora los moabitas estaban haciendo daño a los del país. Cuando los embajadores son llamados de regreso a su nación, vienen los heraldos a hacer la guerra. Dios llamó a su embajador. Esto era señal de juicio.

Hasta en los huesos de Eliseo había virtud. Esto lo comprueba el muerto arrojado de prisa en su sepulcro, que al tocar los huesos del profeta revivió. La palabra de Dios a Eliseo, le había penetrado hasta los tuétanos, y de allí, aquel hombre muerto recibió vida.

Así el hombre que por la fe va al Calvario, y ve al Cristo crucificado, y lo acepta como el Sustituto por sus pecados, recibe vida eterna.

Verso 22-25: "*Hazael, pues, rey de Siria, afligió a Israel todo el tiempo de Joacaz. Mas Jehová tuvo misericordia de ellos, y se compadeció de ellos, y los miró, a causa de su pacto con Abraham, Isaac y Jacob; y no quiso destruirlos ni echarlos de delante de su presencia hasta hoy.*

"*Y murió el rey de Siria, y reinó en su lugar Ben-adad su hijo. Y volvió Joás hijo de Joacaz y tomó de mano de Ben-adad hijo de Hazael las ciudades que éste había tomado en guerra de mano de Joacaz su padre. Tres veces lo derrotó Joás, y restituyó las ciudades a Israel.*"

A causa de la bendición de Dios, prometida a Joacaz, y más tarde la bendición de Eliseo, Joás pudo derrotar a los sirios tres veces. Hazael, el rey que fue un azote para Israel, por la voluntad divina, había muerto. Entonces su hijo Ben-adad, fue fácilmente derrotado, y las ciudades fueron recuperadas.

REINADO DE AMASIAS SOBRE JUDÁ

Capítulo # 14

Versos 1-4: "*En el año segundo de Joás hijo de Joacaz rey de Israel, comenzó a reinar Amasías hijo de Joás rey de Judá. Cuando comenzó a reinar era de veinticinco años, y veintinueve años reinó en Jerusalén.*

"*Y él hizo lo recto ante los ojos de Jehová, aunque no como David su padre; hizo conforme a todas las cosas que había hecho Joás su padre. Con todo eso, los lugares altos no fueron quitados, porque el pueblo aún sacrificaba y quemaba incienso en esos lugares altos.*"

Amasías, el hijo de Joás, hizo lo recto ante los ojos de Jehová, pero no como David, sino como Joás. El mantuvo el servicio del templo, y guardó la palabra de Dios. Sin embargo, los lugares altos, no fueron quitados.

Versos 5-7: "Y cuando hubo afirmado en sus manos el reino, mató a los siervos que habían dado muerte al rey su padre. Pero no mató a los hijos de los que le dieron muerte, conforme a lo que está escrito en el libro de la ley de Moisés, donde Jehová mandó diciendo: No matarán a los padres por los hijos, ni a los hijos por los padres, sino que cada uno morirá por su pecado. Este mató asimismo a diez mil edomitas en el Valle de la Sal, y tomó a Sela en batalla, y la llamó Jocteel, hasta hoy."

Cuando el reino estuvo firme en sus manos, mató a los asesinos traidores que habían matado a su padre. Los asesinos y los traidores, no deben esperar descender al sepulcro en paz.

A pesar de las insinuaciones de sus siervos fieles de que exterminara a los hijos de los traidores, Amasías se sujetó a la ley de Dios y no lo hizo. Aunque Dios visita la iniquidad de los padres sobre los hijos, porque todo hombre es culpable ante sus ojos y digno de muerte; de modo que si los mata él no es pecado; no le permite al hombre matar los hijos inocentes del culpable.

Los edomitas se habían rebelado contra Judá en tiempos de Joram. En este tiempo le hicieron guerra a Amasías. 2 Crónicas 25: 5-10 dice que Amasías reunió un ejército de 300,000 soldados de Judá; y alquiló 100, 000 más de Israel. Entonces un profeta de Dios le advirtió que no llevara a los israelitas con él a la batalla porque Dios no estaba con Israel.

EL REY AMASÍAS AMONESTADO POR UN PROFETA

El rey y su ejército mataron 10,000 edomitas, y los volvieron a someter, y tomaron la ciudad de Arabia llamada Sela, o Roca, y le dio un nombre nuevo.

2 Crónicas 25: 12 dice que los hijos de Judá tomaron otros diez mil edomitas, los cuales llevaron a la cumbre de un peñasco, y de allí los despeñaron, y todos se hicieron pedazos.

Versos 8-10: "Entonces Amasías envió mensajeros a Joás hijo de Joacaz, hijo de Jehú, diciendo: Ven, para que nos veamos las caras. Y Joás rey de Israel envió a Amasías rey de Judá esta respuesta:

El cardo que está en el Líbano envió a decir al cedro que está en el Líbano: Da tu hija por mujer a mi hijo. Y pasaron las fieras que están en el Líbano, y hollaron al cardo.

"Ciertamente has derrotado a Edom, y tu corazón se ha envanecido; gloríate pues, mas quédate en tu casa. ¿Para

qué te metes en un mal, para que caigas tú, y Judá contigo?"

Después de la división de las tribus, el reino de Judá había sufrido mucho a causa de la amistad que mantuvo con las diez tribus de Israel, porque se envolvieron en alianzas matrimoniales, dando como resultado la idolatría, por la cual los juicios venían a Judá.

Pero ahora es Amasías rey de Judá, quien trata de provocar a la guerra a Joás rey de las diez tribus de Israel. Él le mandó a decir que midieran sus fuerzas en combate. Si Amasías hubiera retado a Joás a duelo personal, su error se hubiera quedado con él, pero la provocación demandaba que entraran en guerra.

Parece que el conflicto se debió a que los soldados de Israel, que Amasías había despedido, siguiendo el consejo del profeta, se rebelaron e invadieron las ciudades de Judá, mataron a tres mil de ellos, y tomaron gran despojo.

Versos 11-14: "Pero Amasías no escuchó; por lo cual subió Joás rey de Israel, y se vieron las caras él y Amasías rey de Judá, en Bet-semes, que es de Judá.

"Y Judá cayó delante de Israel, y huyeron cada uno a su tienda. Además Joás rey de Israel tomó a Amasías rey de Judá, hijo de Joás, hijo de Ocozías, en Bet-semes; y vino a Jerusalén, y rompió el muro de Jerusalén desde la puerta de Efraín hasta la puerta de la esquina, cuatrocientos codos.

"Y tomó el oro, y la plata, y todos los utensilios que fueron hallados en la casa de Jehová, y los tesoros de la casa del rey, y a los hijos tomó rehenes, y volvió a Samaria."

LA DERROTA DE AMASÍAS

En 2 Crónicas 25:20 dice que Judá fue entregado en mano de los enemigos por la voluntad de Dios. ¿Qué había hecho el rey para enojar al Señor? El verso 14 dice que cuando Amasías volvía de la matanza de los edomitas, trajo también consigo los dioses de los hijos de Seir, y los puso ante sí por dioses, y los adoró, y les quemó incienso.

Joás rey de Israel derrotó totalmente a Amasías, tomó los tesoros del templo, y del palacio, y se llevó cautivos a los hijos del rey. También destruyó 7,200 pies del muro de Jerusalén.

Verso 15-16: "Los demás hechos que ejecutó Joás y sus hazañas, y cómo peleó contra Amasías rey de Judá, ¿no está escrito en el libro de las crónicas de los reyes de Israel? Y durmió Joás con sus padres, y fue sepultado en Samaria con los reyes de Israel, y reinó en su lugar Jeroboam su hijo."

El rey Joás de Israel había reinado 16 años en Samaria. Su hijo tenía el nombre de Jeroboam 11.

Verso 17-20: Y Amasías hijo de Joás, rey de Judá, vivió después de la muerte de Joás hijo de Joacaz, rey de Israel, quince años. Los demás hechos de Amasías, ¿no están escritos en el libro de las Crónicas de los reyes de Judá?

"Conspiraron contra él en Jerusalén, y él huyó a Laquis; pero lo persiguieron hasta Laquis, y allá lo mataron. Lo trajeron sobre caballos, y lo sepultaron en Jerusalén con sus padres, en la ciudad de David."

Aquí tenemos la muerte de Amasías. El que comenzó bien, terminó mal. Se nos dice de su crueldad para con los edomitas, y de su insolencia contra el rey de Israel. Al fin fue asesinado por sus siervos, quienes estaban cansados de su mala administración y de su idolatría. Sin embargo fue enterrado en Jerusalén con sus antepasados.

Verso 21-22: "Entonces todo el pueblo tomó a Azarías, que era de dieciséis años, y lo hicieron rey en lugar de Amasías su padre. Reedificó él a Elat, y la restituyó a Judá, después que el rey durmió con sus padres."

No podemos dejar de notar que Judá siempre mantenía en el trono a la familia de David, como Dios se lo había prometido. Sin embargo, en Israel hemos visto que siervos se apoderaban del trono, y no había línea de sucesión. Judá quedó sin rey por doce años, esperando que el heredero cumpliera su edad, como veremos en el próximo capítulo.

REINADO DE JEROBOAM11 SOBRE LAS 10 TRIBUS

Versos 23-27: "El año quince de Amasías, hijo de Joás rey de Judá, comenzó a reinar Jeroboam hijo de Joás sobre Israel en Samaria; y reinó cuarenta y un años. E hizo lo malo ante los ojos de Jehová, y no se apartó de todos los pecados de Jeroboam hijo de Nabat, el que hizo pecar a Israel.

"El restauró los límites de Israel desde la entrada de Hamat hasta el mar de Arabá, conforme a la palabra de Jehová Dios de Israel, la cual él había hablado por su siervo Jonás hijo de Amitai, profeta que fue de Gat- Jefer

"Porque Jehová miró la muy amarga aflicción de Israel; que no había siervo ni libre, ni quien diese ayuda a Israel; y Jehová no había determinado raer el nombre de Israel de debajo del cielo; por tanto los salvó por mano de Jeroboam hijo de Joás."

El reino de Jorobaban 11, fue el más largo de la historia de Israel, 41 años. El de su contemporáneo Uzías, rey de Judá fue de 52 años.

Asa rey de Judá había reinado 41 años sobre Judá, y había hecho lo bueno, pero este Jeroboam 11, hizo lo malo. En su tiempo Dios levantó al profeta Jonás, de Galilea. Cuando Dios se llevó a Eliseo, levantó a Jonás para darle fuerzas al rey.

El Señor no quitó su misericordia de Israel, a pesar de la maldad y la idolatría prevaleciente, sino por amor a sus siervos fieles les daba bendición.

Jeroboam recobró las posesiones de que los sirios habían quitado de su reino, desde Hamat, al norte hasta el mar de Sodoma al sur. Dos razones tuvo Dios para bendecirlos con aquellas victorias. 1: Dios había visto la aflicción de Israel. 2: No había determinado raer a Israel de debajo del cielo.

Versos 28- 29: "Los demás hechos de Jeroboam, y todo lo que hizo, y su valentía, y todas las guerras que hizo, y cómo restituyó al dominio de Israel a Damasco y Hamat, que habían pertenecido a Judá, ¿no está escrito en el libro de las crónicas de los reyes de Israel? Y durmió Jeroboam con sus padres, los reyes de Israel, y reinó en su lugar Zacarías su hijo."

JEROBOAM SEGUNDO

Los hombres más poderosos deben ceder a la muerte. Durante el reino de Jeroboam el profeta Oseas dio comienzo a su ministerio en Israel, que duró del año 810 al 725. En ese tiempo también Amós estaba en el ministerio, del año 810 al 785.

En ese mismo tiempo se levantó Isaías en Judá, en el año 810, al 698, en los días de Urías, Acaz, y Ezequías. Luego Miqueas, contemporáneo de Oseas e Isaías, en el año 750. Nahum en el año 713. Habakuc en el año 626. Zofonías en el año 630. Abdías, en el año 587. Hageo en el año 520. Zacarías, en el año 520. Malaquías en el año 397.

Por estos profetas que el Señor levantaba en Israel y Judá para que los amonestaran, nos damos cuenta que Dios nunca dejaba del todo al pueblo del pacto violado.

REINADO DE AZARIAS SOBRE JUDÁ

Capítulo # 15

Versos 1-7: "En el año veintisiete de Jeroboam rey de Israel, comenzó a reinar Azarías, hijo de Amasías, rey de Judá. Cuando comenzó a reinar era de dieciséis años, y cincuenta y dos años reinó en Jerusalén; el nombre de su madre fue Jecolías, de Jerusalén.

"E hizo lo recto ante los ojos de Jehová, conforme a todas las cosas que su padre Amasías había hecho. Con todo eso, los lugares altos no se quitaron, porque el pueblo sacrificaba aún y quemaba incienso en los lugares altos.

"Más Jehová hirió al rey con lepra, y estuvo leproso hasta el día de su muerte, y habitó en casa separada, y Jotam hijo del rey tenía el cargo del palacio, gobernando al pueblo."

Esta es la historia de Uzías, o Azarías, el hijo de Amasías, rey de Judá. El trono había estado vacío por doce años esperando que Azarías llegara a la edad viril. Su reinado fue el más largo de los reyes de Judá.

Él se dedicó a hacer lo bueno, bajo la dirección del vidente Zacarías, un profeta de Jehová. En los días que buscó a Jehová, Dios le prosperó grandemente. Su fama llegó hasta la frontera de Egipto. Tuvo guerra con los filisteos, los árabes y los amonitas.

2 Crónicas 26:5-20, nos cuenta la historia de sus guerras, las ciudades que edificó, los pozos que abrió, y los valles que plantó porque era amigo de la agricultura. También dice que tuvo, de la familia, 2,600 jefes militares, los cuales dirigían un ejército de 307,500 guerreros poderosos y fuertes para ayudarlo contra sus enemigos.

Él tuvo también ingenieros que inventaron máquinas o catapulpas para arrojar piedras a la distancia. Pero cuando ya creció demasiado se enorgulleció para su ruina, porque se rebeló contra Jehová su Dios, entrando en el templo de Jehová para quemar incienso.

CATAPULPAS, ARMAS DE GUERRA

2 Crónicas 26:17-21: "Tras él entró el sacerdote Azarías, y con él ochenta sacerdotes de Jehová, varones valientes. Y se pusieron contra el rey Uzías, y le dijeron:

No te corresponde a ti, oh Uzías, el quemar incienso a Jehová, sino a los sacerdotes hijos de Aarón, que son consagrados para quemarlo. Sal del santuario, porque has prevaricado, y no te será para gloria delante de Jehová Dios.

"Entonces Uzías, teniendo en la mano un incensario para ofrecer incienso, se llenó de ira; y en su ira contra los sacerdotes, la lepra le brotó en la frente, delante de los

sacerdotes de la casa de Jehová, junto al altar del incienso.

"Y le miró el sumo sacerdote Azarías, y todos los sacerdotes, y he aquí la lepra estaba en su frente; y le hicieron salir apresuradamente de aquel lugar; y él también se dio prisa a salir, porque Jehová lo había herido.

"Así el rey Uzías fue leproso hasta el día de su muerte, y habitó leproso en una casa apartada, por lo cual fue excluido de la casa de Jehová; y Jotam su hijo, tuvo cargo de la casa real, gobernando al pueblo de la tierra. (2 Crónicas 26: 17-21.)

Esta fue la triste historia del rey Azarías, conocido como Uzías. El sumo sacerdote también era llamado Azarías. El orgullo del rey lo llevó a querer pasar por encima de la Ley de Dios, y Dios lo hirió por su temeridad.

Verso 6-8: "Los demás hechos de Azarías, y todo lo que hizo, ¿no está escrito en el libro de las crónicas de los reyes de Judá? Y durmió Azarías con sus padres, y lo sepultaron con ellos en la ciudad de David, y reinó en su lugar Jotam su hijo."

Fue una gran bendición para el pueblo que su hijo tomara las riendas del reino de su padre, mientras éste vivía en una casa separada.

El rey nunca más pudo entrar en el templo. Su reino fue el más largo de todos los reyes.

EL REY AZARÍAS, USURPÓ UN MINISTERIO QUE NO LE PERTENECÍA, FUE LEPROSO HASTA SU MUERTE

****

REINADO DE ZACARIAS (de las 10 tribus)

Versos 8-12: "En el año treinta y ocho de Azarías rey de Judá, reinó Zacarías hijo de Jeroboam sobre Israel seis meses. E hizo lo malo ante los ojos de Jehová, como habían hecho sus padres; no se apartó de los pecados de Jeroboam hijo de Nabat, el que hizo pecar a Israel.

"Contra él conspiró Salum hijo de Jabes, y lo hirió en presencia de su pueblo, y lo mató, y reinó en su lugar. Los demás hechos de Zacarías he aquí que están escritos en los libros de las crónicas de los reyes.

"Y esta es la palabra que Jehová había hablado a Jehú, diciendo: Tus hijos hasta la cuarta generación se sentarán en el trono de Israel."

Los mejores días del reino de Israel fueron durante el reino de la familia de Jehú: Joacaz, Joás, Jeroboam 11 y Zacarías. Dios le había cumplido su palabra, y Zacarías fue el rey de la cuarta generación de Jehú.

A pesar de las corrupciones tres de los descendientes de Jehú murieron en sus lechos, más el último fue asesinado a los seis meses de su reino, y con ello terminó la línea de Jehú. ¿Se da cuenta lo puntual que es el Señor?

Algunos dicen que entre la muerte de Jeroboam 11 y la subida al trono de Zacarías, pasaron 22 años. Zacarías reinó solamente seis meses, y entonces Salum lo ejecutó públicamente.

Versos 13-15: "Salum hijo de Jabes comenzó a reinar en el año treinta y nueve de Uzías rey de Judá, y reinó un mes en Samaria; porque Menahem hijo de Gadi subió de Tirsa y vino a Samaria, e hirió a Salum hijo de Jabes en Samaria y lo mató, y reinó en su lugar.

"Los demás hechos de Salum, y la conspiración que tramó, he aquí están escritos en el libro de las crónicas de los reyes de Israel."

"Entonces Menahem saqueó a Tifsa, y a todos los que estaban en ella, y también sus alrededores desde Tirsa; la saqueó porque no le habían abierto las puertas, y abrió el vientre de todas sus mujeres que estaban encintas."

Salum se había apoderado del trono por la fuerza, la conspiración y el asesinato del rey. Entonces Menahem, el general del ejército estacionado en Tirsa oyó acerca de la traición, y vino a Samaria, y mató a Salum. Este había reinado sólo un mes.

Este Menahen, el escándalo del país, era tan cruel contra los que no se sometían a él, que no sólo arruinaba la ciudad, sino que olvidando que él había nacido de una mujer, abría el vientre a las mujeres encintas. Esto lo hacía para sembrar el terror entre los israelitas, para someterlos bajo sus pies.

REINADO DE MENAHEM DE LAS 10 TRIBUS

Versos 17-22: "En el año treinta y nueve de Azarías rey de Judá, reinó Menahem hijo de Gadi sobre Israel diez años, en Samaria. E hizo lo malo ante los ojos de Jehová; en todo el tiempo no se apartó de los pecados de Jeroboam hijo de Nabat, el que hizo pecar a Israel.

PUL, REY DE ASIRIA

"Y vino Pul rey de Asiria a atacar la tierra; y Menahem dio a Pul mil talentos de plata para que le ayudara a confirmarse en el reino. E impuso Menahem este dinero sobre Israel, sobre todos los poderosos y opulentos; de

cada uno cincuenta siclos de plata, para dar al rey de Asiria; y el rey de Asiria se volvió, y no se detuvo allí en el país.

"Los demás hechos de Menahem, y todo lo que hizo ¿no está escrito en el libro de las crónicas de los reyes de Israel? Y durmió Menahem con sus padres, y reinó en su lugar Pekaía su hijo."

A pesar de lo cruel que era Menahem, no pudo hacerle frente a Pul, rey de Asiria, la nueva nación que se levantara contra Israel. Él les quitó a los ricos el dinero para darlo al rey de Asiria, para ganarse su protección contra sus mismos súbditos que no le querían.

Unos años más tarde, cuando se terminara el dinero, los asirios volverían a saquear a Israel. De esta manera, Menahem traicionó a su misma patria.

REINADO DE PEKAIA (10 tribus)

Versos 23-26: "En el año cincuenta de Azarías, rey de Judá, reinó Pekaía hijo de Menahem sobre Israel en Samaria, dos años. E hizo lo malo ante los ojos de Jehová; y no se apartó de los pecados de Jeroboam hijo de Nabat, el que hizo pecar a Israel.

"Y conspiró contra él Peka hijo de Remalías, capitán suyo, y lo hirió en Samaria, en el palacio de la casa real, en compañía de Argob y de Ariel, y de cincuenta hombres de los hijos de los gaaladitas; y lo mató, y reinó en su lugar.

Los demás hechos de Pekaía, y todo lo que hizo, he aquí que está escrito en el libro de las crónicas de los reyes de Israel."

Pekaía, el hijo de Menahem reinó sólo dos años. Entonces conspiró el general de su ejército contra él, y le dieron un golpe de estado.

REINADO DE PEKA (10 Tribus)

Versos 27-31: "En el año cincuenta y dos de Azarías rey de Judá, reinó Peka hijo de Remalías sobre Israel en Samaria; y reinó veinte años. E hizo lo malo ante los ojos de Jehová; no se apartó de los pecados de Jeroboam hijo de Nabat, el que hizo pecar a Israel.

"En los días de Peka rey de Israel, vino Tiglat-peliser rey de los asirios, y tomó a Ijón, Abel-bet-maaca, Janoa, Cedes, Galaad, Galilea, y a toda la tierra de Neftalí; y los llevó cautivos a Asiria.

"Y Oseas hijo de Ela conspiró contra Peka hijo de Remalías, y lo hirió y lo mató, y reinó en su lugar, a los veinte años de Jotam hijo de Uzías. Los demás hechos de Peka, y todo lo que hizo, he aquí que está escrito en el libro de las crónicas de los reyes de Israel."

Aunque Peka tomó el reino por traición, reinó 20 años. Al fin su violencia regresó sobre su cabeza. El perdió gran parte de su reino, en la primera deportación de Israel a Asiria en el año 759 A.C.

Isa. 7, nos dice que Peka se unió con el Rezín rey de Siria, y subieron contra Jerusalén. Por este atentado, Dios castigó a Israel, y perdieron todo el territorio de Neftalí y Zabulón en mano de los asirios.

Elías llamó fuego del cielo, y el Dios del pacto, confirmó la palabra de sus labios, y el fuego cayó, en forma de un rayo, que consumió a la tropa. ¿Difícil de creer? Múdese a Tampa.

Mientras Peka estaba invadiendo a Judea, Oseas se aprovechó para apoderarse de la corona, matando a Peka. La corona de Israel, que una vez había estado adornada de perlas y piedras preciosas, se había convertido en una corona de espinas.

REINADO DE JOTAM SOBRE JUDÁ
.

Versos 32-38: "En el segundo año de Peka hijo de Remalías rey de Israel, comenzó a reinar Jotam hijo de Uzías rey de Judá. Cuando comenzó a reinar era de veinticinco años y reinó dieciséis años en Jerusalén. El nombre de su madre fue Jerusa hija de Sadoc.

"Y él hizo lo recto ante los ojos de Jehová; hizo conforme a todas las cosas que había hecho su padre Uzías. Con todo eso, los lugares altos no fueron quitados, porque el pueblo sacrificaba aún, y quemaba incienso en los lugares altos. Edificó él la puerta más alta de la casa de Jehová.

Los demás hechos de Jotam. Y todo lo que hizo, ¿no está escrito en el libro de las crónicas de los reyes de Judá? En aquel tiempo comenzó Jehová a enviar contra Judá a Rezín rey de Siria, y a Peka hijo de Remalías.

"Y durmió Jotam con sus padres, y fue sepultado con ellos en la ciudad de David su padre, y reinó en su lugar Acaz su hijo."

El escritor Josefo dice que Jotam era un rey muy consagrado a Jehová, y justo con el pueblo. El mostró gran respeto por el templo de Jehová y reparó la puerta principal.

En la Escritura se nos da la edad de los reyes de Judá, y cuántos años duraba su reinado. David murió de 70 años, lo mismo que Asa. Uzías vivió 68, Manasés 67, Josafat 60, Jotam 41. La muerte de Jotán, tan buen rey, fue un juicio contra Judá, si consideramos el carácter de su sucesor.

En la de los reyes de Israel, sólo se nos dice cuánto tiempo duró su reinado, pero no la edad en que comenzaron a reinar.

La razón para ello es que los reyes de Judá venían de la línea directa de David. La única que usurpó el reino fue Atalía, pero fue removida a los seis años, y la línea de David continuó en el trono de Judá.

De los reyes de Israel, por el contrario, el único que fue puesto por Jehová fue Jeroboam, y 17 veces dice que fue el que hizo pecar a Israel. Su línea terminó con su nieto Ela.

Entonces Zimri usurpó el reino. Lo mató Omri, otro usurpador. De la línea de Omri, hubo tres reyes. Entonces se levantó Jehú; de su línea reinaron cuatro reyes. Luego se levantaron Salum, Menahem, Peka y Oséas, fueron todos usurpadores.

Judá tuvo 21 reyes de la línea de David. Israel tuvo 17 reyes.

Los lugares altos no fueron quitados. El pueblo continuaba con sus altares, en desafío de Jehová y de su templo.

REINADO DE ACAZ SOBRE JUDÁ

Capítulo # 16

Versos 1-4: "*En el año diecisiete de Peka hijo de Remalías, comenzó a reinar Acaz hijo de Jotam rey de Judá. Cuando comenzó a reinar Acaz era de veinte años, y reinó en Jerusalén dieciséis años; y no hizo lo recto ante los ojos de Jehová su Dios, como David su padre.*

"*Antes anduvo en los caminos de los reyes de Israel, y aun hizo pasar por fuego a su hijo, según las prácticas abominables de las naciones que Jehová echó de delante de los hijos de Israel.*

"*Asimismo sacrificó y quemó incienso en los lugares altos, y sobre todos los collados, y debajo de todo árbol frondoso.*"
Aquí tenemos un retrato del carácter de Acaz. Sus días fueron cortos y malignos. El murió a los 36 años. Él no amaba al templo de Jehová, ni le servía a Dios.

Aunque no estaba relacionado con el rey de Israel, como lo estuvieron otros reyes de Judá, adoró los becerros, quemó incienso en los caminos, en adoración a los dioses de los lugares; sacrificó debajo de los árboles frondosos, en adoración a Asera, la diosa de las encinas; y pasó a su hijo por fuego en adoración a Moloc.

Acaz, rey de Judá

Versos 5-9: *"Entonces Rezín rey de Siria y Peka hijo de Remalías, rey de Israel, subieron a Jerusalén para hacer guerra y sitiar a Acaz; mas no pudieron tomarla.*

"En aquel tiempo el rey de Edom recobró Elat para Edom, y echó de Elat a los hombres de Judá; y los de Edom vinieron a Elat y habitaron allí hasta hoy.

"Entonces Acaz envió mensajeros a Tiglat-peliser rey de Asiria, diciendo: Yo soy tu siervo y tu hijo; sube y defiéndeme de mano del rey de Siria, y de mano del rey de Israel, que se han levantado contra mí.

"Y tomando Acaz la plata y el oro que se halló en la casa de Jehová, y en los tesoros de la casa real, envió al rey de Asiria un presente. Y le atendió el rey de Asiria; pues subió el rey de Asiria contra Damasco, y la tomó, y llevó cautivos a los moradores de Kir, y mató a Rezín."

El rey de Israel, y el rey de Siria pensaron hacerse amos de Jerusalén y poner un rey sobre ella, (Isaías. 6:7). En 2 Crónicas 28:6 dice que Peka mató 120, 000 hombres valientes de Judá, porque habían dejado al Dios de sus padres.

Zicri, hombre poderoso de Efraín mató a Maasías, hijo del rey, a Azricam su mayordomo y a Elcana, segundo después del rey. Los de Israel se llevaron 200,000 cautivos. Entonces el profeta Obed amonestó a los israelitas, los cuales devolvieron a los cautivos a Jericó.

El rey de Edom, aprovechó el momento de debilidad de Judá y recobró a Elat, la ciudad que Amasías había quitado al rey de Siria.

El rey Acaz, se había olvidado de Dios, quien le hubiera dado liberación, y se fue a buscar ayuda al rey de Asiria, enviándole el oro del templo y de la casa real. Tiglat-peliser, invadió a Damasco, la capital de Siria, creando un problema, al cual tuvo que atender Rezín, rey de Siria en persona. En la batalla por recuperar a Damasco, murió Rezín, pero Judá quedó en la pobreza porque la iglesia y el estado se habían unido para gratificar a su nuevo patrón y guardián.

Tiglat- peliser, rey de Asiria

Verso 10-11: "Después fue el rey Acaz a encontrar a Tiglat-peliser rey de Asiria en Damasco; y cuando vio el rey Acaz el altar que estaba en Damasco, envió al sacerdote Urías el diseño y la descripción del altar, conforme a toda su hechura.

"Y el sacerdote Urías edificó el altar, conforme a todo lo que el rey Acaz había enviado de Damasco, así lo hizo el sacerdote Urías, entre tanto que el rey Acaz venía de Damasco.

Aunque Acaz no adoraba en el altar de Jehová, los sacerdotes y el pueblo fiel continuaba adorando en él. Cuando el rey fue a Damasco vio un altar de ídolos que le gustó muchísimo. Este no era como el sencillo altar del templo de Salomón. Este era un altar adornado, esculpido con filigranas y figuras.

ALTAR DE BRONCE

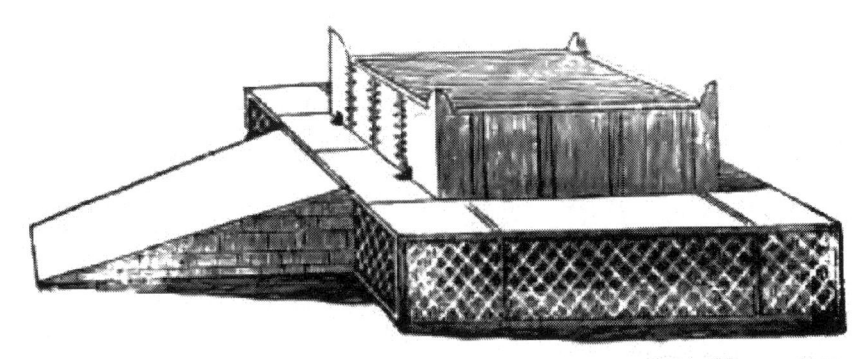

Bible History Online

Inmediatamente al rey se le ocurrió cambiar el sencillo altar de Jerusalén por una copia del altar de Damasco. El sacerdote Urías le obedeció y edificó el altar y lo puso junto al altar de Jehová, de acuerdo al pedido del rey.

Versos 12-15: "*Y luego que el rey vino de Damasco, y vio el altar, se acercó el rey a él, y ofreció sacrificios en él; y encendió su holocausto y su ofrenda, y derramó sus libaciones, y esparció la sangre de los sacrificios de paz junto al altar.*

"*E hizo acercar el altar de bronce que estaba delante de Jehová, en la parte delantera de la casa, entre el altar y el templo de Jehová, y lo puso al lado del altar hacia el norte.*

EL ALTAR DE DAMASCO

"Y mandó el rey Acaz al sacerdote Urías, diciendo: En el gran altar encenderás el holocausto de la mañana y la ofrenda de la tarde, y el holocausto del rey y su ofrenda, y asimismo el holocausto de todo el pueblo de la tierra y su ofrenda y sus libaciones; y esparcirás sobre él toda la sangre del holocausto, y toda la sangre del sacrificio. El altar de bronce será mío para consultar en él."

El pecado del sumo sacerdote Urías fue mayor que el de Acaz, porque él estaba sujeto a Jehová, no al rey. Al obedecer al rey por temor de su vida, prostituyó su sacerdocio, y profanó la santa corona que llevaba sobre su cabeza.

El rey no ofrecía sacrificios a Jehová, sino a los dioses de Damasco sobre el altar, como dice 2 Crónicas. 28:23. Urías puso el altar en una plataforma inferior al altar de bronce de Jehová, pero eso no satisfacía a Acaz. El removió el altar de Jehová y lo puso en un lugar oscuro al norte del atrio, y puso el suyo frente al templo.

Su superstición primero dio de codo a la institución divina, y al fin la desechó por completo. Él no se atrevió destruir el altar de bronce por miedo al pueblo, pero lo echó a un lado. Él dijo que lo usaría para consultar sobre él. Los judíos dicen que del bronce del altar, hizo su famoso reloj de Acaz.

Versos 16-18: Él hizo el sacerdote Urías conforme a todas las cosas que el rey Acaz le mandó. Y cortó el rey Acaz los tableros de las basas, y les quitó las fuentes; y quitó también el mar de sobre los bueyes de bronce que estaban debajo de él, y lo puso en el suelo de piedra.

"Asimismo el pórtico para los días de reposo, que habían edificado en la casa, y el pasadizo de afuera, el del rey, los quitó del templo de Jehová por causa del rey de Asiria.

"Los demás hechos que puso por obra Acaz, ¿No están escritos en los libros de las crónicas de los reyes de Judá? Y durmió el rey Acaz con sus padres, y fue sepultado con ellos en la ciudad de David, y reinó en su lugar su hijo Ezequías."

El abuso de la fuente por el rey Acaz. El quitó los bueyes, y puso la fuente en el suelo. Quitó lo tableros de las fuentes de agua que los sacerdotes usaban para su limpieza personal, y para los sacrificios. También quitó la cubierta del sábado, que servía de sombra en el sábado cuando la gente acudía al templo.

Destruyó la fuente de bronce y la cubierta debajo de la cual se sentaban los judíos en el atrio del templo.

Quitó también el pasadizo que conectaba el palacio con el atrio del templo por complacer al rey de Asiria, quien dijo que ello afeaba el palacio.

Aquí aprendemos que cuando los que tienen entrada a la casa de Dios, para complacer a sus vecinos o amigos, se van a otra parte, van hacia abajo a la ruina.

El Señor cortó los días de Acaz por su gran maldad. Entonces su hijo Ezequías, subió al trono.

CAIDA DE SAMARIA Y CAUTIVERIO DE ISRAEL

Capítulo # 17

Versos 1-3: "*En el año duodécimo de Acaz rey de Judá, comenzó a reinar Oseas hijo de Ela en Samaria sobre Israel; y reinó nueve años. E hizo lo malo ante los ojos de Jehová, aunque no como los reyes de Israel que habían sido antes de él.*"

Ya Acaz había reinado doce años en Judá, cuando comenzó a reinar Oseas sobre Israel. Él había tomado el reino a la fuerza, matando al rey y usurpando el trono. Oseas también hizo lo malo ante los ojos de Jehová.

Verso 4-5: "Mas el rey de Asiria descubrió que Oseas conspiraba; porque había enviado embajadores a So, rey de Egipto, y no pagaba tributo al rey de Asiria, como lo hacía cada año; por lo que el rey de Asiria le detuvo, y le aprisionó en la casa de la cárcel. Y el rey de Asiria invadió todo el país, y sitió a Samaria, y estuvo sobre ella tres años."

El profeta Oseas dijo en ese tiempo: *"Seguramente dirán ahora: No tenemos rey, porque no temimos a Jehová; ¿y qué hará el rey por nosotros?"* (Oseas 10:3)

Aunque el rey Oseas era malo, no era tan malo como los reyes anteriores. Él no era tan devoto a los becerros como los otros. Los judíos dicen que los asirios se llevaron el becerro que estaba en Dan. Entonces Oseas le permitió ir a Jerusalén a adora a los piadosos.

Sin embargo, en tiempo de este rey, que no era tan perverso como los otros reyes, fue que vino el juicio de Dios. Esto fue no tanto por el pecado del rey, sino por el pecado del pueblo de todas las generaciones pasadas.

La destrucción vino gradualmente. Ellos fueron tributarios al rey de Asiria. Si el rey y el pueblo hubieran apelado a Jehová, él los hubiera librado, y el juicio dejado para más tarde. Pero ellos se rebelaron contra Asiria y dejaron de pagar el tributo. Entonces Asiria sitió a Israel, y tomó a su rey prisionero. Entonces los asirios fueron por todo el territorio de Israel, y se hicieron amos de ellos, tratando al pueblo como traidores para ser castigados por la espada de la justicia. Por tres años estuvieron esclavizados a los asirios, mientras su rey languidecía en la cárcel.

Verso 6-8: "En el año nueve de Oseas, el rey de Asiria tomó a Samaria, y llevó a Israel cautivo a Asiria, y los puso en Halah, en Habor junto al río Gozán, y en las ciudades de los medos.

"Porque los hijos de Israel pecaron contra Jehová su Dios, que los sacó de la tierra de Egipto, de bajo la mano de Faraón rey de Egipto, y temieron a dioses ajenos, y anduvieron en los estatutos de las naciones que Jehová había lanzado de delante de los hijos de Israel, y en los estatutos que hicieron los reyes de Israel."

La ciudad real de Israel, Samaria fue sitiada primero, y luego tomada por los asirios. Era el año 721. Hacía 730 años que habían sido libertados de la esclavitud de Egipto, y ahora las diez tribus; conocidas como Efraín, eran llevadas cautivas a Asiria.

Los grandes de Israel fueron llevados a otra nación a ser pordioseros. Por despojarlos de sus posesiones materiales, y exponerlos a los trabajos y los sufrimientos, bajo un ejército cruel e imperioso, el rey de Asiria castigó su insolencia al pretender librarse de su yugo.

La razón para este cautiverio fue por haber pecado contra Jehová, y por haber abandonado sus mandamientos y leyes.

10 TRIBUS CAUTIVAS A ASIRIA

Verso 9-12: *"Y los hijos de Israel hicieron secretamente cosas no rectas contra Jehová su Dios, edificándose lugares altos en todas sus ciudades, desde las torres de las atalayas hasta las ciudades fortificadas, y levantaron estatuas e imágenes de Asera en todo collado alto, y debajo de todo árbol frondoso.*

"Y quemaron allí incienso en todos los lugares altos, a la manera de las naciones que Jehová había traspuesto de delante de ellos, e hicieron cosas muy malas para provocar a ira a Jehová. Y servían a los ídolos, de los cuales Jehová había dicho: Vosotros no habéis de hacer esto."

Como los paganos adoraban los dioses de sus países, creían que Jehová era el dios del país de los hebreos. Los israelitas tenían el deber y la comisión de Dios de mostrarles a sus vecinos que su Dios era el único Dios verdadero. Pero ellos, no solamente se sometían por temor a los dioses de los paganos, sino que al hacerlo rebajaban a su Dios del pacto, comparándole con los ídolos de las naciones.

Ellos no solamente no cumplieron con su obligación hacia Jehová, de engrandecer su Nombre, y presentarlo a sus vecinos paganos para que salieran de su ignorancia; sino que adoptaron sus dioses; poniendo a Jehová, su Dios a la altura de ellos. Esto era insulto, blasfemia hacia el Dios del pacto.

Esto es lo mismo que hacen los idólatras de este tiempo. Ellos adoran a cuanto santo encuentran, poniéndolos a la altura de Cristo. Esto sigue siendo una blasfemia, que trae castigo.

Verso 13: "Jehová amonestó entonces a Israel y a Judá por medio de todos los profetas y todos los videntes, diciendo: Volveos de vuestros malos caminos, y guardad mis mandamientos y mis ordenanzas, conforme a todas las leyes que yo prescribí a vuestros padres. Y que os he enviado por medio de mis siervos los profetas."

Note la paciencia del Señor. En su misericordia, le estuvo enviando profetas y videntes para que los amonestaran antes de que viniera el juicio. Eso mismo es lo que hace hoy. Él ha levantado a la Iglesia, para que amoneste a los hombres, antes que venga el juicio.

Ahora bien, los profetas no temían sacrificar sus vidas por llevar su mensaje. Como buenos embajadores de Cristo, los creyentes deben ser valientes y hablar a los perdidos. Con su fe deben mostrar el poder del Dios vivo, para que ellos abandonen sus dioses muertos, y salgan de su ignorancia; y el velo que el diablo ha puesto a su mente, sea quitado.

Verso 14: "Mas ellos no obedecieron, antes endurecieron su cerviz, como la cerviz de sus padres, los cuales no creyeron en Jehová su Dios."

La iglesia es tipo de la nación israelita. ¡Cuántos que se llaman a sí mismos "cristianos", están adorando ídolos como los israelitas! Hay una gran cantidad de llamados creyentes, cuya fe es vacilante e indecisa. El pecado de los israelitas fue que no creyeron a Dios. Ese mismo es el pecado prevaleciente en la Iglesia hoy. Ellos creen en Dios, pero no le creen a Dios. No creen lo que Dios dice en su Palabra.

Verso 15-18: "Y desecharon sus estatutos, y el pacto que él había hecho con sus padres, y los testimonios que él había prescrito a ellos; y siguieron la vanidad, y se hicieron vanos, y fueron en pos de las naciones que estaban alrededor de ellos, de las cuales Jehová les había mandado que no hiciesen a la manera de ellas.

"Dejaron todos los mandamientos de Jehová su Dios, y se hicieron imágenes fundidas de dos becerros., y también imágenes de Asera, y adoraron a todo el ejército de los cielos, y sirvieron a Baal.

"E hicieron pasar a sus hijos y a sus hijas por fuego; y se dieron a adivinaciones y agüeros, y se entregaron a hacer lo malo ante los ojos de Jehová, provocándole a ira.

BAAL Y MOLOC

"Y Jehová, por tanto, se airó en gran manera contra Israel, y los quitó de delante de su rostro; y no quedó sino sólo la tribu de Judá."

Los israelitas desecharon la Palabra de Dios, los mandamientos registrados en la Torah, y se entregaron a la astrología, establecida por Nimrod, y Semiramis 1500 años antes, en la torre de Babel. La torre era realmente un templo al sol y la luna. Ellos eran Baal y Astoret. Los creyentes que hoy consultan el horóscopo están haciendo lo mismo. Los que el día de Pascua, o "Easter", la celebran con conejos y huevos, están adorando a la diosa de la fertilidad, y a la naturaleza, en vez de adorar al Dios de la naturaleza.

También pasaban por fuego a sus hijos ante Moloc, el ídolo abominable de los amonitas.

Verso 19-23: "Mas ni aun Judá guardó los mandamientos de Jehová su Dios, sino que anduvieron en los estatutos de Israel, los cuales habían ellos hecho. Y desechó Jehová a toda la descendencia de Israel, y los afligió, y los entregó en manos de saqueadores, hasta echarlos de su presencia.

"Porque separó a Israel de la casa de David, y ellos hicieron rey a Jeroboam hijo de Nabat; y Jeroboam apartó a Israel de en pos de Jehová, y les hizo cometer gran pecado.

"Y los hijos de Israel anduvieron en todos los pecados de Jeroboam que él hizo, sin apartarse de ellos, hasta que Jehová quitó a Israel de delante de su rostro, como él lo había dicho por medio de todos los profetas sus siervos; e Israel fue llevado cautivo a Asiria hasta hoy."

Es cierto que lo que el profeta Ahías le dijo a Jeroboam, en tiempos de la apostasía de Salomón; que Dios le entregaría diez tribus de Israel; lo cual se cumplió durante el reino de Roboam, hijo de Salomón, (1 Reyes 11:29-31.)

Jeroboam, por cuestiones de política, para que las doce tribus no fueran a Jerusalén a adorar, le hizo dos becerros para que los adoraran en el nombre de Jehová. 18 veces la Escritura menciona el gran pecado de Jeroboam, porque todos los reyes que vinieron después, adoraron los becerros, y enseñaron a las generaciones futuras a continuar adorando los becerros, y a despreciar el templo de Jehová en Jerusalén.

Las diez tribus fueron llevadas cautivas a Asiria y a Media, y el territorio de Israel fue dejado vacío.

Verso 24-26: *"Y trajo el rey de Asiria gente de Babilonia, de Cuta, de Ava, de Hamat, y de Sefarvaim, y los puso en las ciudades de Samaria, en lugar de los hijos de Israel; y poseyeron a Samaria, y habitaron en sus ciudades.*

"Y aconteció al principio, cuando comenzaron a habitar allí, que no temiendo ellos a Jehová, envió Jehová contra ellos leones que los mataban. Dijeron, pues, al rey de Asiria: La gente que tú trasladaste y pusiste en las ciudades de Samaria, no conocen la ley del Dios de aquella tierra, y él ha echado leones en medio de ellos, y he aquí que los leones los matan, porque no conocen la ley del Dios de la tierra."

El rey trajo gente para poblar la tierra que había quedado vacía con la cautividad de los Israelitas. Los leones se multiplicaron, porque no había mucha gente. Por otra parte, el Señor permitió que los leones se multiplicaran, para mostrarle que a pesar que ellos habían vencido al pueblo de Israel, el Dios de Israel tenía poder suficiente para tratar con ellos.

Los extranjeros habían vivido sin Dios en su tierra, y no habían sido atacados por los leones, pero en la tierra de Canaán debían buscar a Dios, o perecer por los leones.

El Dios de Israel era el Dios del Universo, pero ellos, ignorantemente le llamaban, "el Dios del país." Note que los extranjeros rogaron que se les enseñara acerca del Dios que los israelitas abandonaron. Esto es tipo de la iglesia gentil tomando por su Rey, al Mesías que los judíos desecharon. Las piedra de esquina que los judíos desecharon, se volvió la piedra angular del edificio que es la Iglesia.

Verso 27-28: "Y el rey de Asiria mandó, diciendo: Llevad allí a alguno de los sacerdotes que trajisteis de allá, y vaya y habite allí, y les enseñe la ley del Dios del país. Y vino uno de los sacerdotes que habían sido llevados cautivos de Samaria, habitó en Bet-el, y les señeñó cómo debían temer a Jehová."

SACERDOTES LEVITAS PARA INSTRUIR A PAGANOS

El rey de Asiria envió un sacerdote para que les enseñara, no por amor a Dios, sino para salvar a sus súbditos de los leones. El problema fue que el sacerdote que le envió era uno de los que adoraban a los becerros.

Si le hubiera enviado a uno de los profetas, como a Nahum, hubiera hecho algo bueno. Fue por eso que el sacerdote se quedó en Bet-el, donde había quedado el becerro, y desde allí les enseño, torcidamente, a temer a Jehová.

Verso 29-33: "Temían a Jehová, y honraban a sus dioses, según la costumbre de las naciones de donde habían sido trasladados. Pero cada nación se hizo sus dioses, y los pusieron en los templos de los lugares altos que habían hecho los de Samaria; cada nación en su ciudad donde habitaba.

SETI, EL DIOS PERRO DE LOS EGIPCIOS, DIOS DE LOS MUERTOS, O LAS ÁNIMAS DEL PURGATORIO

"Los de Babilonia hicieron a Sucot-benot, (Baal Marduk), los de Cuta hicieron a Nergal, (dios sol, dios del fuego y la guerra), y los de Hamat hicieron a Asima, (Pan, el fauno, dios de los sembrados, con patas de cabro, cuernos y cola).

"Los aveos hicieron a Nibhaz, (Set, el dios perro de los egipcios); y a Tartac, (dios de las tinieblas, mitad cerdo y mitad burro.), y los de Sefarvaim quemaban sus hijos en el fuego para adorar a Adramalec, (dios del trueno, Júpiter), y a Anamalec, (dios del cielo.)

"Temían a Jehová, e hicieron del bajo pueblo sacerdotes de los lugares altos, que sacrificaban para ellos en los templos de los lugares altos."

Estos llegaron a ser conocidos como Samaritanos. Ellos sacrificaban a Jehová, y guardaban los ritos y las fiestas judías, pero cada nación se hizo sus dioses nacionales y los adoraban y les servían. ¿No se parecen a los Católicos Romanos?

De cada país de América Latina, los inmigrantes traen sus dioses y diosas. Los mejicanos que vienen acá, traen con ellos a la Guadalupe. Los dominicanos, traen con ellos la Altagracia. Los cubanos traen a la Caridad. Los peruanos a San Martín, etc. Todos creen en Cristo, como un Santo más, aunque casi no le adoran. Todos tienen algo en común. Todos son Católicos Romanos.

Por otra parte los inmigrantes Hindús, traen sus dioses, que se cuentan por millares; pero no creen en Cristo. Los musulmanes no tienen ídolos, sino sólo a Mahoma, y Alá. Los chinos en hindús tienen al Buda. Los japoneses, tienen a Lao tse, y a Confucio, y a sus antepasados muertos; y algunos creen en Buda, pero no creen en Cristo.

Verso 34-39: *"Hasta hoy hacen como antes; ni temen a Jehová, ni guardan sus estatutos ni sus ordenanzas, ni hacen según la ley y los mandamientos que prescribió Jehová a los hijos de Jacob, al cual puso el nombre de Israel; con los cuales hizo pacto, y les mandó, diciendo: No temeréis a otros dioses, ni los adoraréis, ni les serviréis, ni les haréis sacrificios.*

"Más a Jehová, que os sacó de la tierra de Egipto, con grande poder y brazo extendido, a éste temeréis, y a éste adoraréis, y a éste haréis sacrificio. Los estatutos y derechos y ley y mandamientos que os dio por escrito, cuidaréis siempre de ponerlos por obra, y no temeréis a dioses ajenos.

"No olvidaréis el pacto que hice con vosotros, ni temeréis a dioses ajenos; mas temed a Jehová vuestro Dios, y él os librará de mano de todos vuestros enemigos."

Donde quiera que fueron llevados cautivos los israelitas, Dios les recordaba el pacto y las promesas. El historiador nos dice que los sucesores de los israelitas en Samaria, temieron a Jehová y sirvieron a sus dioses. Los israelitas llevados a Asiria, ¿se reformarían? El verso 34 nos dice que ellos continuaron haciendo lo mismo que hacían en Israel.

Cuando Judá y Benjamín fueron llevadas a Babilonia, se curaron de la idolatría para siempre, pero las diez tribus se hundieron cada vez más en la idolatría hasta olvidar por completo sus raíces.

Se cree que los rubenitas se fueron hacia China y Mongolia, y que los indios de norte, centro y sur América, son sus descendientes. De ser esto cierto, vemos que olvidaron totalmente a Jehová.

Los efrainitas, según se cree, emigraron a las islas Británicas. Los de Dan se fueron hacia el norte, a Islandia, y a Dinamarca. Manasés se perdió entre las naciones europeas, y surgió en los Estados Unidos.

Los judíos españoles Sefárdicos, emigraron al nuevo mundo con Cristóbal Colón, en el siglo 14, y se establecieron en el Caribe, y en Centro y Sur América. A Puerto Rico llevaron el decacordio, (el cuatro), el mortero, (pilón) y el molino redondo de dos piezas. Allá mucho perdieron su identidad, y sus descendientes no saben que son judíos.

Muchos rabinos judíos mesiánicos creen que los reyes de Inglaterra, son judíos, pero no lo saben. Ellos conservan el trono de David, donde Cristo se sentará en su Segunda venida.

El trono está construido sobre una roca que se conoce como "la piedra de Jacob". Sus reyes son ungidos con aceite, y se dice que cuando reciben la unción, son transformados, porque el Espíritu Santo reposa sobre ellos, y los prepara para el servicio de monarcas, o "guardianes del trono."

En el año 1,739 AC, Dios le cambió el nombre a Jacob por el de Israel. De sus doce hijos varones nació la nación Israelita. (Génesis 32: 24-32)

Diez años más tarde, (Génesis 38) Judá fue engañado por la viuda de dos de sus hijos, llamada Tamar. De aquella unión nacieron unos gemelos llamados Fares y Zara.

Zara, sacó la mano primero y le pusieron un cordón rojo en su mano. Entonces volvió a meter la mano dentro del vientre de la madre, y salió Fares quien obtuvo la primogenitura. Zara, con su cordón rojo pasó al olvido aparentemente.

Estos gemelos tienen un simbolismo enorme. Zara, es tipo de los gentiles desde Set, el tercer hijo de Adán, hasta Jacob. Hasta ese tiempo todos los patriarcas eran gentiles. Con Set comenzó el hilo de sangre que terminó en el Calvario.

Note que Zara tenía el cordón rojo en su mano, pero fue Fares, (tipo de los israeiltas), quien heredó la primogenitura. De Judá por Fares vino la línea regia, el cetro de reyes. Fue de esa línea que vino Jesús en su primera venida.

Génesis 49:10. Nos revela el misterio del cordón rojo de Zara. *"No será quitado el cetro de Judá, ni el legislador de entre sus pies, hasta que venga Siloh, y a él se congregarán los pueblos."* (O los gentiles)

El cordón rojo de Zara, es tipo de los gentiles que pasaron a formar el Cuerpo de Cristo, la Iglesia, después de la resurrección del Señor; quienes volvieron a tener la primogenitura. (Hebreos 12: 18-24).

Jeremías 43: 1-6 y 44:12-14, declara Jeremías y las hijas del rey Sedequías, de la línea de Judá; fueron a Egipto. Cuando llegó la guerra a Egipto, ellas con Jeremías escaparon a Irlanda. La princesita, "el tallo", se casó con el hijo del rey de Irlanda, un descendiente de Zara, el gemelo de Fares. Ahí se cerró la brecha anunciada en el nacimiento de los gemelos de Judá y Tamar.

Ezequiel 17: 22-24 dice; *"Así ha dicho Jehová el Señor: Tomaré yo del cogollo de aquel alto cedro, y lo plantare."* (Judá es el alto cedro; el cogollo es Zara, plantado en Irlanda e Inglaterra: representando a los gentiles)

"Del principal de sus renuevos cortaré un tallo. Y lo plantaré en el monte alto y sublime. En el monte alto de Israel lo plantaré, y alzará ramas, y dará fruto, y se hará magnifico cedro" (El tallo de Judá es la princesa judía en Irlanda, y el Señor Jesús en Israel.) *"Y habitarán debajo de él todas las aves de toda especie; a la sombra de sus ramas habitarán"*

(Esta es la Iglesia; el Cuerpo de Cristo de todas las naciones y lenguas.)

"Y sabrán todos los árboles del campo que yo Jehová abatí el árbol sublime, (la nación judía). Ellos han vuelto a ser nación, después de más de dos mil años; pero para su salvación deben entrar por Cristo.

Al fin de la Gran Tribulación cuando Cristo regrese en persona, ellos le aceptarán como su esperado Mesías, y entonces, *"Todo Israel será salvo."* Zacarías 12:10, 13: 6, Romanos 11:26.

La generación representada por Zara, es la iglesia gentil, lavada con la Sangre de Cristo, el cordón rojo en la mano de Zara. ¿Será coincidencia el hecho de que fueron los peregrinos ingleses los que trajeron el evangelio al New England en Estados de América?

Levanté el árbol bajo (los gentiles), hice reverdecer el árbol seco, (las diez tribus perdidas que se están añadiendo a la Iglesia) Los hijos de Abraham por Jesucristo, (Gálatas 3: 28-29),

La línea de Fares, los judíos, el árbol verde; se seca. La línea de Zara, el árbol seco, reverdece, y se cierra la brecha. De ellos descienden los reyes de Irlanda, Escocia e Inglaterra.

Versos 40- 41: "Pero ellos no escucharon; antes hicieron según su costumbre antigua. Así temieron a Jehová aquellas gentes, y al mismo tiempo sirvieron a sus ídolos; y también sus hijos y sus nietos, según hicieron sus padres, así hacen hasta hoy."

Habiendo recibido sus mandamientos y estatutos por escrito los israelitas debieron haberlos observado, y nunca haber olvidado el pacto con Jehová. Por tres veces le repite que no deben temer a los dioses ajenos.

Si ellos hubieran obedecido la Palabra de Dios, nunca se hubieran envuelto por temor con los ídolos, y Dios los hubiera libertado de todos sus enemigos.

Sin embargo cuando estuvieron en manos de sus enemigos en Asiria, en vez de clamar a Jehová, hicieron como había hechos sus padres antes de ellos, y lo continúan haciendo hasta hoy.

Las diez tribus se mezclaron con las naciones paganas, hasta perder su identidad totalmente, y hoy el Señor, que sabe dónde están, y los está trayendo a la Iglesia.

REINADO DE EZEQUIAS

Capítulo # 18

Versos 1-4: "*En el tercer año de Oseas hijo de Ela, rey de Israel, comenzó a reinar Ezequías hijo de Acaz rey de Judá. Cuando comenzó a reinar era de veinticinco años, y reinó veintinueve años. El nombre de su madre fue Abi hija de Zacarías.*

"*Hizo lo recto ante los ojos de Jehová, conforme a todas las cosas que había hecho David su padre. El quitó los lugares altos, y quebró las imágenes, y cortó los símbolos de Asera, e hizo pedazos la serpiente de bronce que había hecho Moisés, porque hasta entonces le quemaban incienso los hijos de Israel; y la llamó Nehustán.*"

El Señor permitió que Acaz engendrara a Ezequías cuando tenía doce años de edad, para que fuera mayor de edad cuando su padre muriera. Se cree que el sumo sacerdote Urías fue su tutor, y a pesar de que estaba rodeado de idolatría, él no se contaminó.

Él fue un gran reformador, digno descendiente de David. Lo primero que hizo fue quitar los lugares altos, donde los judíos tenían sus templos con imágenes a los diversos dioses. Aun la serpiente de bronce que Moisés había hecho 726 años antes, (Números. 21:9), era adorada por los judíos.

LA SERPIENTE DE BRONCE

Ezequías la llamó: "Nehustán, "cosa de bronce." Él destruyó la serpiente de bronce para que la gente no volviera a adorarla.

Él la hizo polvo y la esparció al viento. La serpiente había servido su propósito en su tiempo. Una cosa buena, cuando se vuelve objeto de adoración, es mejor destruirla.

Verso 5-8: "En Jehová Dios de Israel puso su esperanza; ni después, ni antes de él, hubo otro como él entre todos los reyes de Judá. Porque siguió a Jehová, y no se apartó de él, sino que guardó los mandamientos que Jehová prescribió a Moisés. Y Jehová estaba con él; y adonde quiera que salía, prosperaba. Él se rebeló contra el rey de Asiria y no le sirvió.

"Hirió también a los filisteos hasta Gaza y sus fronteras, desde las torres de los atalayas hasta la ciudad fortificada."

EL REY EZEQUÍAS

El buen rey Ezequías obedecía y guardaba los mandamientos de Jehová. Y Jehová estaba con él. En ese tiempo todavía estaba Isaías en su ministerio de profeta.

Judá y Benjamín eran dos tribus, pero pudieron salir del yugo de opresión de los asirios, y derrotó a los filisteos, porque el rey servía a Jehová, y había prohibido la idolatría en su territorio. Las diez tribus, con todo y ser mucho más grandes, fueron llevadas cautivas, porque Jehová no estaba con ellos.

Verso 9- 12: *"En el cuarto año del rey Ezequías, que era el séptimo de Oseas hijo de Ela rey de Israel, subió Salmanasar rey de los asirios contra Samaria, y la sitió, y la tomaron al cabo de tres años. En el año sexto de Ezequías, el cual era el año noveno de Oseas rey de Israel, fue tomada Samaria.*

"Y el rey de Asiria llevó cautivo a Israel a Asiria, y los puso en Halah, en Habor junto al río Gozán, y en las ciudades de los medos, por cuanto no habían atendido a la voz de Jehová su Dios, sino que habían quebrantado su pacto; y todas las cosas que Moisés, siervo de Jehová

había mandado, no las habían escuchado, ni puesto por obra."

En la primera cautividad de las tribus del norte de Israel, hacía 20 años, Tiglat-peliser, o Pul; uno de los reyes Asirios, se había llevado 154, 000 cautivos durante el reinado de Peka, rey de Israel.

Oseas se había apoderado del reino y era tributario de Asiria, pero Salmanasar volvió a invadir a Israel, y llevó al resto de ellos cautivos a Asiria. 27,290. Salmanasar era hijo de Asurnasirpal, el rey de Asiria conocido como el Gran Dragón.

Senaquerib, rey de Asiria

Verso 13-16: "A los catorce años del rey Ezequías, subió Senaquerib rey de Asiria contra todas las ciudades fortificadas de Judá, y las tomó. Entonces Ezequías, rey de Judá envió a decir al rey de Asiria que estaba en Laquis: Yo he pecado; apártate de mí, y haré todo lo que me impongas. Y el rey de Asiria le impuso a Ezequías rey de Judá trescientos talentos de plata, y treinta talentos de oro.

"Dio, por tanto Ezequías toda la plata que fue hallada en la casa de Jehová, y en los tesoros de la casa real. Entonces Ezequías quitó el oro de las puertas del templo de Jehová y en los quiciales que el mismo rey Ezequías había cubierto de oro, y lo dio al rey de Asiria."

Senaquerib, el hijo de Sargón, estaba en el trono del rey de Asiria. Hacía cinco años que Salmanasar había llevado al resto de Israel cautivo a Asiria. No está muy claro lo que le sucedió a Salmanasar; y a la línea real de Asurnarsipal; lo cierto es que ahora Senaquerib hijo de Sargón, está en el trono de Asiria. Sargón era el rey de Babilonia.

Este Senaquerib invadió a Judá, y tomó las ciudades importantes del territorio del rey Ezequías. Entonces el rey, temiendo correr la misma suerte de Samaria, decidió comprar la paz con dinero.

Senaquerib le impuso 300 talentos de plata, y 30 de oro. Para cumplir con ello, Ezequías tuvo que vaciar los tesoros del palacio y del templo, y quitar el oro de las puertas del templo, que él mismo había puesto.

Su padre Acaz había robado el oro del templo, (2 Crón. 28:24). Ezequías había devuelto lo robado por su padre con intereses; mas ahora, con la debida reverencia toma prestado el oro para salvar a Judá.

Verso 17-18: Después el rey de Asiria envió contra el rey Ezequías al Tartán, al Rabsarís y al Rabsacés, con un gran ejército, desde Laquis contra Jerusalén, y subieron y vinieron a Jerusalén. Y habiendo subido, vinieron y acamparon junto al acueducto del estanque de arriba, en el camino de la heredad del Lavador.

"Llamaron luego al rey, y salió a ellos Eliaquim hijo de Hilcías, mayordomo, y Sebna escriba, y Joa hijo de Asaf, canciller."

Aquí tenemos el sitio de Jerusalén por los ejércitos asirios de Senaquerib. Después que Ezequías le había entregado el dinero, en vez de retirarse, lo que hizo el rey de Asiria fue sitiar la ciudad real de Jerusalén.

Ezequías se arrepintió del trato hecho con tan pérfido rey, lo cual lo había hecho más pobre y más vulnerable a los asaltos del rey. Tres generales asirios; Tartán, Rabsarís y Rabsacés, rodeaban la ciudad; el Rabsacés era el mayor de ellos. El rey Ezequías le envió tres oficiales de la corte a hablar con ellos.

Versos 19-25: "Y les dijo el Rabsacés: Decid ahora a Ezequías: Así dice el gran rey de Asiria: ¿Qué confianza es esta en que te apoyas? Dices (pero son palabras vacías): Consejo tengo y fuerzas para la guerra. Mas ¿en qué confías, que te has rebelado contra mí?

"He aquí que confías en este báculo de caña cascada, en Egipto, en el cual si alguno se apoyare, se le entrará por la mano y la traspasará. Tal es el Faraón rey de Egipto para todos los que en él confían.

"Y si me decís: Nosotros confiamos en Jehová nuestro Dios, ¿no es éste aquel cuyos lugares altos y altares ha quitado Ezequías, y ha dicho a Judá y a Jerusalén: Delante de este altar adoraréis en Jerusalén?

"Ahora, pues, yo te ruego que des rehenes a mi señor, el rey de Asiria, y yo te daré dos mil caballos, si tú puedes dar jinetes para ellos. ¿Cómo, pues, podrás resistir a un capitán, al menor de los siervos de mi señor, aunque estés confiado en Egipto con sus carros y su gente de a caballo?

¿Acaso he venido yo ahora sin Jehová a este lugar para destruirlo? Jehová me ha dicho: Sube a esta tierra, y destrúyela."

El Rabsacés, el jefe de los generales, estaba hablando con ellos en lengua hebrea y todo el pueblo estaba escuchando sus palabras infladas. Sus insultos iban dirigidos al rey Ezequías. El confiaba en su poder para destruir a Jerusalén.

Entre las muchas cosas que les dijo a los oficiales de Ezequías, dijo que como el rey había quitado los lugares altos, y había ordenado que se adorase a Dios en el templo, Jehová estaba enojado con él. Esto tal vez se lo dijeron los sacerdotes de los lugares altos de Israel, que habían sido llevados cautivos, unos cuantos años antes. Tal vez hasta le profetizaron al Rabsacés, diciéndole que Jehová había dicho que fuera y destruyera a Jerusalén.

Así el diablo se levanta contra la Iglesia, cuando la ve debilitada. El Rabsacés demanda rehenes. El diablo también los demanda. Pero tanto en aquel tiempo, como en el tiempo de la Iglesia, Cristo está en control.

Verso 26: "Entonces dijo Eliaquim hijo de Hilcías, y Sebna, y Joa, al Rabsacés: Te rogamos que hables a tus siervos en arameo, porque nosotros lo entendemos, y no hables con nosotros en lengua de Judá a oídos del pueblo que está sobre el muro."

El pueblo estaba sobre el muro, mirando al ejército asirio, y las transacciones diplomáticas entre los tres oficiales del rey, y los tres generales. Los oficiales no querían que el pueblo se enterara de los desafíos y los insultos de los generales.

EL RABSACÉS. GENERAL ASIRIO DESAFIANDO A JUDÁ

Versos 27: "Y el Rabsacés les dijo: ¿Me ha enviado mi señor para decir estas palabras a ti y a tu señor, y no a los hombres que están en el muro, expuestos a comer su propio estiércol y a beber su propia orina?

La petición de los oficiales recibió una respuesta insolente. Ya el Rabsacés no solamente insultaba al rey Ezequías, sino también al todo el pueblo; pero muy especialmente, estaba insultando al Dios del pacto, Jehová.

Verso 28-35: "Entonces el Rabsacés se puso en pie y clamó a gran voz en lengua de Judá, y habló diciendo: Oíd palabra del gran rey, el rey de Asiria. Así ha dicho el rey: No os engañe Ezequías, porque no os podrá librar de mi mano.

"Y no os haga Ezequías confiar en Jehová, diciendo: Ciertamente nos librará Jehová, y esta ciudad no será entregada en mano del rey de Asiria. No escuchéis a Ezequías, porque así dice el rey de Asiria: Haced conmigo paz, y salid a mí, y coma cada uno de su vid y de su higuera, y beba cada uno las aguas de su pozo, hasta que yo venga y os lleve a una tierra como la vuestra, tierra de grano y de vino, tierra de pan y de viñas, tierra de olivas, de aceite, y de miel; y viviréis y no moriréis. No oigáis a Ezequías, porque os engaña cuando dice: Jehová nos librará.

"¿Acaso alguno de los dioses de las naciones ha librado su tierra de la mano del rey de Asiria? ¿Dónde está el dios de Hamat y Arfad? ¿Dónde está el dios de Sefarvaim, de Hena, y de Iva? ¿Pudieron éstos librar a Samaria de mis manos?
"¿Qué Dios de todos los dioses de estas tierras ha librado su tierra de mi mano, para que Jehová libre de mi mano a Jerusalén?"

El insulto ahora es dirigido a Jehová, el Dios del pacto. El discurso de Rabsacés al pueblo tiene el propósito de desviarlos de creer en las palabras del rey Ezequías. Él dijo: "Ustedes deben entregarse libremente a nosotros, y les permitiremos que vivan. Los llevaremos a una tierra como esta o mejor. No le crean a su rey porque los engaña diciéndoles que Jehová los librará."

En su ignorancia, el Rabsacés comparaba a Jehová con los dioses regionales de los territorios. Entonces les dice que los dioses territoriales no pudieron salvar a sus moradores de sus manos.

Lo que él no sabía era que este desafío era hacia el único Dios Verdadero. Tal vez él había derrotado país tras país, con todo y sus demonios, pero ahora se iba a enfrentar con el Dios del Universo.

Verso 36-37: "Pero el pueblo calló, y no les respondió palabra; porque había mandamiento del rey, el cual había dicho: No le respondáis. Entonces Eliaquim hijo de Hilcías, mayordomo, y Sebna escriba, y Joa hijo de Asaf, canciller, vinieron a Ezequías, rasgados sus vestidos, y le contaron las palabras del Rabsacés."

El pueblo permaneció mudo ante las palabras del Rabsacés. El rey había dado orden de quedar mudos. Ellos sabían que podían confiar en el Dios del Pacto. ¿No había hecho maravillas ante naciones más grandes que Asiria, y el ignorante Rabsacés, que insultaba ahora al Dios vivo?

Así el creyente, cuando se enfrenta a circunstancias que el diablo le trae; no se desespera, sino que permanece quieto para ver la salvación del Señor.

JUDA LIBRADO DE SENAQUERIB

Capítulo # 19

Versos 1-4: "Cuando el rey Ezequías lo oyó, rasgó sus vestidos y se cubrió de cilicio, y entró en la casa de Jehová. Y envió a Eliaquim mayordomo, y a Sebna escriba y a los ancianos de los sacerdotes, cubiertos de cilicio, al profeta Isaías hijo de Amoz, para que le dijesen: Este día es día de angustia, de reprensión y de blasfemia; porque los hijos están a punto de nacer, y la que da a luz no tiene fuerzas.

EL PROFETA ISAÍAS

"Quizá oirá Jehová tu Dios todas las palabras del Rabsacés, a quien el rey de los asirios su señor ha enviado para blasfemar al Dios viviente, y para vituperar con palabras, las cuales Jehová tu Dios ha oído; por tanto, eleva oración por el remanente que aún queda."

El rey Ezequías, al oír del fracaso de las negociaciones con los generales asirios, rasgó sus ropas reales, y se vistió de saco. Entonces se fue al templo, y desde allí envió una comisión al profeta Elías, de Judá.

Aunque él tenía a su lado al sumo sacerdote, el intercesor ahora era el profeta, no el sacerdote que había violado su ministerio al construir el altar de Acab.

El mensaje al profeta era para que orara. Primero: Porque la deshonra hecha al Dios Viviente. Segundo: Por sus temores al enemigo. Tercero: Los hijos estaban en apuro grande; un golpe del enemigo los hubiera destruido porque no tenían fuerzas. Cuarto: se necesitaba un milagro grande e inmediato, por lo crítico de la situación.

Verso 5-7:"Vinieron, pues, los siervos del rey Ezequías a Isaías. E Isaías les respondió: Así ha dicho Jehová: No temas por las palabras que has oído, con las cuales han blasfemado los siervos del rey de Asiria.

"He aquí yo pondré en él un espíritu, y oirá rumor, y volverá a su tierra; y haré que en su tierra caiga a espada."

La respuesta de Jehová no se dejó esperar. "¡No temas! Yo sé que ha blasfemado. Sus palabras son como viento. Ya he dictado su sentencia."

Eso es lo que nos dice el Señor todo el tiempo. ¡No temas! ¡Yo estoy en control! El miedo a lo que el diablo pueda hacernos, es fe en el diablo y en su poder. El miedo esclaviza; la fe en el Señor y la seguridad de que él está en control de toda circunstancia, es el más alto tipo de fe.

Ya no tenemos que ir a Isaías, en persona a consultar a Dios, pero podemos ir a Isaías en la Biblia y consultar a Dios. Si le consultamos en Isaías 43, recibimos fortaleza espiritual inmediata.

Verso 8-13: "Y regresando el Rabsacés halló el rey de Asiria combatiendo contra Libna; porque oyó que se había ido de Laquis. Y oyó decir que Tirhaca rey de Etiopía había salido para hacerle la guerra. Entonces volvió él, y envió embajadores a Ezequías, diciendo:

"Así diréis a Ezequías rey de Judá: No te engañe tu Dios en quien tú confías, para decir: Jerusalén no será entregada en mano del rey de Asiria. He aquí tú has oído lo que han hecho los reyes de Asiria a todas las tierras, destruyéndolas; y ¿escaparás tú?

"¿Acaso libraron sus dioses a las naciones que mis padres destruyeron, esto es, Gozán, Harán, Resef, y los hijos de Edén que estaban en Telasar? ¿Dónde está el rey de Hamat, el rey de Arfad, y el rey de la ciudad de Sefarvaín, de Hena y de Iva?"

El Rabsacés, dejó el ejército al cuidado de los otros generales, y regresó a atender al rey que había situado a Libna, una ciudad que se había rebelado contra Judá. El oyó el rumor de que los Cusitas de Etiopía venían a hacerle la guerra a su rey.

Senaquerib le envió una carta al rey Ezequías para tratar de persuadirlo a que entregara a Jerusalén y se rindiera. La carta era tan blasfema como el discurso del Rabsacés.

Verso 14-19: *"Y tomó Ezequías las cartas de mano de los embajadores; y después que las hubo leído, subió a la casa de Jehová, y las extendió delante de Jehová. Y oró Ezequías delante de Jehová, diciendo: Jehová Dios de Israel, que moras entre los querubines, sólo tú eres Dios de todos los reinos de la tierra; tú hiciste el cielo y la tierra.*

"Inclina, oh Jehová, tu oído y oye; abre, oh Jehová, tu ojos y mira; y oye las palabras de Senaquerib, que ha enviado a blasfemar al Dios viviente. Es verdad, oh Jehová, que los reyes de Asiria han destruido las naciones y sus tierras; y que echaron al fuego a sus dioses, por cuanto ellos no eran dioses, sino obras de manos de hombres, madera o piedra, y por eso los destruyeron. Ahora, pues, oh Jehová, sálvanos, te ruego, de su mano, para que sepan todos los reinos de la tierra que sólo tú, Jehová, eres Dios."

El rey Ezequías llevó las cartas al templo, y oró a Dios, a quien Senaquerib había blasfemado. En su oración el rey le dice a Dios que él sabe que Senaquerib ha destruido a los dioses falsos de las naciones, que no pueden salvar, porque son obra de manos de hombres. Entonces apela al Señor para que salve a Judá, para que sirva de testimonio a los paganos, que él es el Único Dios verdadero.

Así el creyente, expone sus problemas ante los ojos del Señor, le alaba, y le da gracias por la victoria. ¿Qué maravilloso es saber que nuestro Dios es el Dios Vivo, el único que vive para siempre?

Verso 20-23: *"Entonces Isaías hijo de Amoz envió a decir a Ezequías: Así ha dicho Jehová, Dios de Israel: Lo que me pediste acerca de Senaquerib rey de Asiria, he oído. Esta es la palabra que Jehová ha pronunciado de él: La virgen hija de Sion te menosprecia, te escarnece; detrás de ti mueve su cabeza la hija de Jerusalén.*

"¿A quién has vituperado y blasfemado? ¿Y contra quién has alzado la voz, y levantado en alto tus ojos? Contra el Santo de Israel.

"Por mano de tus mensajeros has vituperado a Jehová, y has dicho: Con la multitud de mis carros he subido a las alturas de los montes, a lo más inaccesible del Líbano; cortaré sus altos cedros, sus cipreses más escogidos; me alojaré en sus más remotos lugares, en el bosque de sus feraces campos."

Aquí tenemos la respuesta de Dios al rey Ezequías por medio del profeta Elías. Dios le aseguró que la oración que él había hecho en el templo, había sido escuchada y contestada.

El Señor le dice que la virgen hija de Sion, su pueblo, lejos de tener miedo de Senaquerib, se burlaba de él, porque estaba bajo la protección divina. Esto lo dijo para silenciar los temores de Ezequías. Él le mostraba que aunque a los ojos carnales, el enemigo era formidable, a los ojos espirituales, el enemigo era despreciable y ridículo.

¿Quién se creía ser Senaquerib? Él había llevado sus carros a la ciudad del Gran Rey Jehová. ¿Qué pretendía? ¿Cortar los cedros y los cipreses, los hombres de Judá? ¿No sospechaba que estaba luchando contra el Santo de Israel?

Verso 24-28: "Yo he cavado y bebido las aguas extrañas, he secado con las plantas de mis pies todos los ríos de Egipto. ¿Nunca has oído que desde tiempos antiguos yo lo hice, y que desde los días de la antigüedad lo tengo ideado? Y ahora lo he hecho venir, y tú serás para hacer desolaciones, para reducir las ciudades fortificadas a montones de escombros.

"Sus moradores fueron de corto poder; fueron acobardados y confundidos; vinieron a ser como la hierba del campo, y como la hortaliza verde, como heno de los terrados, marchitado antes de su madurez.

"He conocido su situación, tu salida y tu entrada, y tu furor contra mí. Por cuanto te has airado contra mí, por cuanto tu arrogancia ha subido a mis oídos, yo pondré mi garfio en tu nariz, y mi freno en tus labios, y te haré volver por el camino por donde viniste."

El Señor había usado a Asiria como vara de castigo para las diez tribus de Israel, (Isa. 10:5), pero no le había dado permiso para atacar a Judá.

El señor estaba observando todos los movimientos del ejército de los asirios. Él le dice que conoce su salida y su entrada. Entonces le dice que le va a poner su garfio en la nariz, y freno en sus labios, y lo hará regresar por donde vino. Contando con nuestro Dios, ¿quién no está en victoria?

Verso 29-31: "Y esto te daré por señal, oh Ezequías: Este año comeréis no que nacerá de suyo, y el segundo año lo que nacerá de suyo; y el tercer año sembraréis, y segaréis, y plantaréis viñas, y comeréis el fruto de ellas.

"Y lo que hubiere escapado, lo que hubiere quedado de la casa de Judá, volverá a echar raíces abajo, y llevará fruto arriba. Porque saldrá de Jerusalén remanente, y del monte de Sion los que se salven. El celo de Jehová de los ejércitos hará esto."

Las provisiones se estaban acabando con el sitio de Jerusalén. ¿Qué hacer para tener alimento? Los frutos de la tierra estaban siendo devorados por los asirios. El Señor le aseguró al rey Ezequías que si los salva de la espada, no los dejará morir de hambre. Los asirios se comieron lo que ellos sembraron, pero ellos comerían lo que no habían sembrado. El primer año comerían de lo que naciera de la tierra. El segundo año era el año sabático, el año del reposo de la tierra. El Señor les proveería.

Por causa de las guerras, las familias de los campos de Judá habían huido, pero regresarían a sus heredades.

Versos 32-34: *"Por tanto, así dice Jehová acerca del rey de Asiria: No entrará en esta ciudad, ni echará saeta en ella; ni vendrá delante de ella con escudo, ni levantará contra ella baluarte. Por el mismo camino que vino, volverá, y no entrará en esta ciudad, dice Jehová. Porque yo ampararé esta ciudad para salvarla, por amor a David mi siervo."*

El Señor le dijo también a Ezequías por medio del profeta Isaías, que aunque el rey había sitiado la ciudad, él no permitiría que entrara en ella, ni aun le permitiría disparar una flecha contra ella.

Él era el protector de la ciudad, por amor a David su siervo. ¿Qué podemos decir de la Iglesia, la Nueva Jerusalén? Cristo dijo que las puertas del infierno no prevalecen contra la Iglesia. Todos los demonios del infierno rodean la Iglesia, y llenan de temores a los bebés; pero no prevalecen contra ella, porque su Capitán es Cristo, y él nunca pierde una batalla.

Versos 35-37: *"Y aconteció que aquella misma noche salió el ángel de Jehová, y mató en el campamento de los asirios ciento ochenta y cinco mil; y cuando se levantaron por la mañana, he aquí que todo era cuerpos de muertos. Entonces Senaquerib, rey de Asiria se fue, y volvió a Nínive, donde se quedó.*

"Y aconteció que mientras él adoraba en el templo de Nisroc su dios, Adramalec y Sarezer sus hijos lo hirieron a espada, y huyeron a tierra de Ararat. Y reinó en su lugar Esarhadón su hijo."

EJÉRCITO ASIRIO DESTRUIDO EN UNA SOLA NOCHE

Hay profecías que se cumplen en el futuro, pero ésta se cumplió la misma noche. Como el rey Ezequías no tenía fuerza suficiente para pelear, el ángel de Jehová destruyó 185,000 asirios. Ese fue el mismo que destruyó los primogénitos de Egipto.

El Señor le había dicho que proveería para dos años de alimento al pueblo de Judá. El botín del ejército asirio fue suficiente para que el pueblo se alimentara hasta que crecieran los frutos sembrados en el tercer año.

Se cree que fue una pestilencia la que acabó con el ejército en una sola noche. ¿Se da cuenta lo débil que es el hombre más poderoso ante el Señor? Cuando el rey de Asiria oyó la noticia de la derrota de su gran ejército, regresó avergonzado a Nínive, la ciudad real.

El Dios de Israel había hecho lo suficiente para que Senaquerib supiera que Jehová era el único Dios verdadero, pero en vez de convertirse a él, se fue a adorar a su ídolo Nisroc. Allí mismo sus dos hijos; Adramalec, nombrado en honor a Júpiter, el dios del trueno, y Sarezer, le hirieron a espada, y mezclaron su sangre con la del sacrificio que estaba presentado a su dios, Nisroc, Mercurio, el mensajero de los dioses.

Su hijo Esarhadón fue el primero que envió los colonizadores a poblar a Samaria, (Esdrás 4:2).

ENFERMEDAD DE EZEQUIAS

Capítulo # 20

Versos 1-3: "*En aquellos días Ezequías cayó enfermo de muerte. Y vino a él el profeta Isaías hijo de Amoz, y le dijo: Jehová dice así: Ordena tu casa, porque morirás, y no vivirás.*

Isaías y Ezequías

"*Entonces él volvió su rostro a la pared, y oró a Jehová y dijo: Te ruego, oh Jehová, te ruego que hagas memoria de que he andado delante de ti en verdad y con íntegro corazón, y que he hecho las cosas que te agradan. Y lloró Ezequías con gran lloro.*

El rey Ezequías tenía 39 años; hacía 14 años que reinaba en Judá. El mismo año de la destrucción del ejército de Senaquerib, Ezequías cayó enfermo. Se cree que la misma enfermedad que mató a los asirios en una noche, le estaba atacando a él.

Esto no es extraño. La plaga de Ebola, mata en pocos días. La bacteria que devora la carne, mata en pocos días. Cuando Isaías vino al rey, le dio el mensaje de que iba a morir, por lo cual debía preparar su casa, o su reino, esto es, dejar otro rey en su lugar.

Esta noticia anonadó al rey Ezequías. Entonces hizo lo que acostumbraba hacer en circunstancias difíciles: llorar, y Orar; presentar su caso ante el Señor. El único que podía hacer el milagro era el Señor. La dolorosa llaga de su pierna, era parecida a la que produjo la muerte a los asirios.

Versos 4-6: "Y antes que Isaías saliese hasta la mitad del patio, vino palabra de Jehová a Isaías, diciendo: Vuelve, y di a Ezequías, príncipe de mi pueblo: Así dice Jehová, el Dios de tu padre. Yo he oído tu oración, y he visto tus lágrimas; he aquí que yo te sano; al tercer día subirás a la casa de Jehová.

"Y añadiré a tus días quince años, y te libraré a ti y a esta ciudad de mano del rey de Asiria; y ampararé esta ciudad por amor a mí mismo, y por amor a David mi siervo."

La oración de Ezequías, fue contestada de inmediato. El profeta iba saliendo del palacio, cuando le vino la respuesta. El Señor había escuchado su oración, mojada en llanto. Quince años más viviría Ezequías.

Nuestra vida está en la mano del Señor. Él es quien tiene en sus manos las llaves de la muerte y del infierno. Ni el diablo puede mandarnos al otro mundo, ni los que nos aman pueden retenernos en éste. La promesa para el creyente es de largura de días, en paz mental, física y espiritual.

Verso 7-11: "Y dijo Isaías: Tomad masa de higos. Y tomándola la pusieron sobre la llaga, y sanó. Y Ezequías había dicho a Isaías: ¿Qué señal tendré de que Jehová me sanará, y que subiré a la casa de Jehová al tercer día?

"Respondió Isaías: Esta señal tendrás de Jehová, de que hará Jehová esto que ha dicho: ¿Avanzará la sombra diez grados, o retrocederá diez grados? Y Ezequías respondió: Fácil cosa es que la sombra decline diez grados; pero no que la sombra vuelva atrás diez grados.

"Entonces el profeta Isaías clamó a Jehová; e hizo volver la sombra por los grados que había descendido en el reloj de Acaz, diez grados atrás."

Isaías era el médico de Ezequías. El recetó una masa de higos en la llaga; si era un tumor, la masa lo maduraría y lo haría reventar. Esto lo sanó.

Pero el rey pidió señales de que el Señor le añadiría quince años de vida. El no necesitaba la señal, pero su miedo a la muerte era muy grande. El Señor le dio la señal para aumentarle su fe.

Podríamos pensar que el rey no necesitaba más señales para creer la palabra de Dios por medio del profeta, pero cuando recordamos que él no había nacido de nuevo, que estaba muerto espiritualmente; lo entendemos.

EL RELOJ DE ACAZ

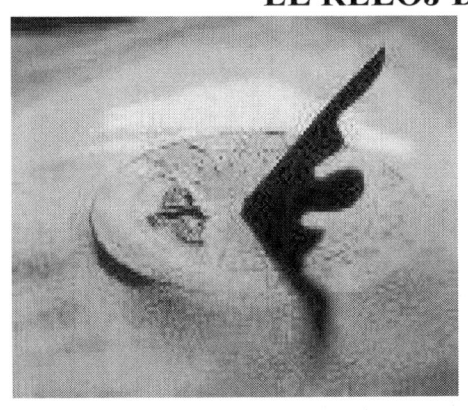

El profeta oró por el milagro de que la sombra del sol retrocediera diez grados. Esto fue medido por el reloj de Acaz. Este fue un milagro parecido al que el Señor hizo en los días de Josué, cuando el sol y la luna se detuvieron en su curso. 2 Crón. 32:31 dice que el milagro fue visto en todo el mundo.

Se cree que los Salmos 120-134, conocidos como "cántico gradual", se refiere a estos 15 años que Dios añadió de vida al rey.

Versos 12-13: "En aquel tiempo, Merodac-baladán hijo de Baladán, rey de Babilonia, envió mensajeros con cartas y presentes a Ezequías, porque había oído que Ezequías había caído enfermo.

"Y Ezequías los oyó, y les mostró toda la casa de sus tesoros, plata, oro, y especias, y ungüentos preciosos, y la casa de sus armas, y todo lo que había en sus tesoros; ninguna cosa quedó que Ezequías no les mostrase, así en su casa como en todos sus dominios."

El rey Ezequías recibió a los mensajeros que le traían los presentes del rey de Babilonia. Era normal que el rey los recibiera con honores, y agradecimiento, pero se excedió hasta el extremo.

Él estaba tan contento, que le mostró su palacio; pero no debió mostrarle sus tesoros. Le podía mostrar todo el reino, pero no sus tesoros. El problema fue que lo hizo con orgullo de corazón. Lo que parecía un acto inocente, estaba manchado de orgullo y ostentación.

El orgullo y la ostentación: Ezequías mostrando los tesoros a los babilonios

Verso 14-18: "Entonces el profeta Isaías vino al rey Ezequías, y le dijo: ¿Qué dijeron aquellos varones, y de dónde vinieron a ti? Y Ezequías le respondió: De lejanas tierras han venido, de Babilonia.

"Y él le volvió a decir: ¿Qué vieron en tu casa? Y Ezequías respondió: Vieron todo lo que había en mi casa; nada quedó en mis tesoros que no les mostrase. Entonces Isaías dijo a Ezequías: Oye palabra de Jehová:

"He aquí vienen días en que todo lo que está en tu casa, y todo lo que tus padres han atesorado hasta hoy, será llevado a Babilonia, sin quedar nada, dijo Jehová. Y tus hijos que saldrán de ti, que habrás engendrado, tomarán, y serán eunucos en el palacio del rey de Babilonia."

Note la sentencia que Dios le dio como castigo a su vanidad y su orgullo. Los tesoros que había mostrado con tanta ostentación a los babilonios, se volverían presa, y sus descendientes serían llevados cautivos y serían eunucos en el palacio del rey de Babilonia.

Esto se cumplió al pie de la letra 106 años más tarde, cuando los príncipes de Judá fueron llevados cautivos, y hechos eunucos, incluyendo a Daniel, Sadrac, Mesac y Abed-nego.

Verso 19-21: "*Entonces Ezequías dijo a Isaías: La palabra de Jehová que has hablado, es buena Después dijo: Habrá al menos paz y seguridad en mis días.*

"*Los demás hecho de Ezequías, y todo su poderío, y cómo hizo el estanque y el conducto, y metió las aguas en la ciudad, ¿no está escrito en el libro de las crónicas de los reyes de Judá? Y durmió Ezequías con sus padres, y reinó en su lugar Manasés su hijo.*"

Ezequías se sometió pacientemente a la sentencia divina. Los problemas le vendrían a sus descendientes, si ellos no caminaban en los caminos del Señor.

Este fue el rey que construyó el acueducto y el conducto para llevar el agua a la ciudad, lo cual permanece hasta hoy. Aparentemente había otro libro de crónicas civiles, el cual no es el mismo que está en el canón de las Escrituras.

Ezequías vivió 54 años, y reinó su hijo en su lugar. En 2 Crón: 30-31, están registrados los hechos de Ezequías. Él había enviado cartas por todo el territorio de Israel aconsejando al pueblo a que regresara al templo, a Jerusalén a adorar a Jehová. Los israelitas se burlaban de ellos, pero algunos vinieron a celebrar la Pascua.

Los levitas y los sacerdotes destruyeron el altar de Acaz, y los altares de Judá. El instituyó el diezmo nuevamente para los levitas y las primicias para los sacerdotes.

REINADO DE MANASES
Capítulo # 21

Versos 1-2: "De doce años era Manasés cuando comenzó a reinar, y reinó en Jerusalén cincuenta y cinco años; el nombre de su madre fue Hepsiba. E hizo lo malo ante los ojos de Jehová, según las abominaciones de las naciones que Jehová había echado de delante de los hijos de Israel."

¡Cómo nos habíamos deleitado con el reino de Ezequías, con sus triunfos, y la bendición del retorno del servicio del templo de Jehová. Sin embargo aquello terminó con la muerte del buen rey.

Su hijo Manasés comenzó a reinar siendo muy joven; de doce años. Él había nacido tres años después de su enfermedad. Si había tenido más hijos antes, habían muerto. Como Manasés comenzó a reinar tan joven, se envaneció, y cayó en el lazo del diablo.

Versos 3-8: "Porque volvió a edificar los lugares altos que Ezequías había derribado, y levantó altares a Baal, e hizo una imagen de Asera, como había hecho Acab rey de Israel; y adoró a todo el ejército de los cielos, y rindió culto a aquellas cosas.

LA IMAGEN DE ASERA HOY ES EL OBELISCO

"Asimismo edificó altares en la casa de Jehová, de la cual Jehová había dicho: Yo pondré mi nombre en Jerusalén. Y pasó a su hijo por fuego, y se dio a observar los tiempos, y fue agorero, e instituyó encantadores y adivinos, multiplicando así el hacer lo malo ante los ojos de Jehová, para provocarlo a ira.

"Y puso una imagen de Asera que había él hecho, en la casa de la cual Jehová había dicho a David y a Salomón

su hijo: Yo pondré mi nombre para siempre en esta casa, y en Jerusalén, a la cual escogí de todas las tribus de Israel;

BAAL Y ASTORET

"Y no volveré a hacer que el pie de Israel sea movido de la tierra que di a sus padres, con tal que guarden y hagan conforme a todas las cosas que yo les he mandado, y conforme a toda la ley que mi siervo Moisés les mandó. Mas ellos no escucharon; y Manasés los indujo a que hiciesen más mal que las naciones que Jehová destruyó delante de los hijos de Israel."

Los que habían sido enemigos secretos de Ezequías por haber exterminado la idolatría, se volvieron los seductores del niño rey. A pesar de ser idólatra, fue el rey que reinó más tiempo de todos los reyes de Judá y de Israel. En su tiempo hizo que el pueblo regresara a la idolatría.

El volvió a construir el altar de Acaz, puso la imagen de Asera en el templo, volvió a poner los lugares altos que su padre había destruido; se entregó a la astrología, al espiritismo, y al ocultismo. Hizo estatua a Baal, y adoró a Moloc, pasando su hijo por fuego en dedicación y voto, luego que el niño había sido circuncidado en el pacto. Hizo todo lo que era abominable ante los ojos de Jehová.

MOLOC

Cuando los siervos de Dios, venían a templo a traer sus ofrendas, diezmos y primicias, se aterrorizaban al ver en el templo las estatuas de los ídolos, listas a recibir sus ofrendas.

El hizo que el pueblo hiciera más mal que los paganos que había echado Jehová delante de ellos. Aquellos tenían excusa; no conocían la ley de Dios, pero éstos no tenían excusa. Ellos conocían la ley de Dios; tenían el templo y los sacerdotes y levitas con ellos.

Puede que lo que llevara de nuevo a la idolatría a la mayoría de los judíos, era el tener que dar los diezmos y las primicias a los sacerdotes y levitas; y que por esa razón estuvieran tan dispuestos a caer en la idolatría que no demandaba diezmos ni primicias, pero que demanda el alma.

EL JUICIO DE MANASÉS

Verso 10-16: "Habló, pues, Jehová por medio de sus siervos los profetas, diciendo: Por cuanto Manasés rey de

Judá ha hecho estas abominaciones, y ha hecho más mal que todo lo que hicieron los amorreos que fueron antes de él, y también ha hecho pecar a Judá con sus ídolos; por tanto, así ha dicho Jehová, Dios de Israel:

He aquí yo traigo un mal sobre Jerusalén y sobre Judá, que al que lo oyere le retiñirán los oídos. Y extenderé sobre Jerusalén el cordel de Samaria y la plomada de Acab; y limpiaré a Jerusalén como se limpia un plato, que se friega y se vuelve boca abajo.

"Y desampararé el resto de mi heredad, y lo entregaré en manos de sus enemigos; y serán para presa y despojo de todos sus adversarios; por cuanto han hecho lo malo ante mis ojos, y me han provocado a ira, desde el día que sus padres salieron de Egipto hasta hoy.

MANASES SE ARREPIENTE

"Fuera de esto, derramó Manasés mucha sangre inocente en gran manera, hasta llenar a Jerusalén de extremo a extremo; además de su pecado con que hizo pecar a Judá, para que hiciese lo malo ante los ojos de Jehová."

Aquí está la sentencia de Dios a Judá. Los profetas, que les habían enseñado la palabra de Dios, Ahora son enviados como jueces a dictar la sentencia divina. Ellos fielmente recitan el crimen de Manasés. El rey había hecho peor que los amorreos. Además de la idolatría, había asesinado a los siervos de Jehová, incluyendo a Isaías, a quien mandó a aserrar.

2 Crónicas 33:11-17 dice que los asirios vinieron contra Judá, y aprisionaron con grillos a Manasés, y atado con cadenas, lo llevaron a Babilonia. Cuando él se vio en tan grande angustia, oró a Jehová, y se humilló grandemente en la presencia del Dios de sus padres.

Dios escuchó su oración y lo restauró a Jerusalén, a su reino. Entonces reconoció que Jehová era el Dios verdadero. Entonces quitó los dioses, y quitó los altares del templo y los echó fuera de la ciudad. Reparó el altar de Jehová y restituyó a los sacerdotes y levitas; y ordenó que el pueblo sirviera a Jehová. Sin embargo los lugares altos no fueron quitados, y el pueblo adoraba en ellos a Jehová.

Verso 17-18: "Los demás hechos de Manasés, y todo lo que hizo, y el pecado que cometió, ¿no está escrito en el libre de las crónicas de los reyes de Judá? Y durmió Manasés con sus padres, y fue sepultado en el huerto de su casa, en el huerto de Uza, y reinó en su lugar Amón su hijo."

A pesar que Manasés se arrepintió de sus pecados, no se creyó digno de ser sepultado en el sepulcro de los reyes de Judá. Él fue sepultado en el huerto de su casa, por expresa orden suya. Es mejor que el verdadero penitente sea sepultado en un jardín, que morir sin arrepentirse y ser enterrado en el patio de la iglesia.

REINADO DE AMON

Versos 19-22: "Y durmió Manasés con sus padres, y fue sepultado en el huerto de su casa, en el huerto de Uza, y reinó en su lugar Amón su hijo. De veintidós años era Amón cuando comenzó a reinar, y reinó dos años en Jerusalén. El nombre de su madre fue Mesulemet hija de Haruz de Jotba.

"E hizo lo malo ante los ojos de Jehová, como había hecho Manasés su padre. Y anduvo en todos los caminos en que su padre anduvo, y sirvió a los ídolos a los cuales había servido su padre, y los adoró; y dejó a Jehová el dios de sus padres, y no anduvo en el camino de Jehová."

Aquí tenemos un relato del corto y sin gloria reino de Amón, el hijo de Manasés, en su ceguera tras los ídolos que su padre había levantado y destruido, a quienes había sacrificado a sus otros hijos, o por haber sido dedicados a los ídolos el pueblo los había rechazado.

Verso 23-26: "Y los siervos de Amón conspiraron contra él, y mataron al rey en su casa. Entonces el pueblo de la tierra mató a todos los que habían conspirado contra el rey Amón; y puso el pueblo de la tierra por rey en su lugar a Josías su hijo.

"Los demás hechos de Amón, ¿no están escritos en el libro de las crónicas de los reyes de Judá? Y fue sepultado en su sepulcro en el huerto de Uza, y reinó en su lugar Josías su hijo."

Habiéndose rebelado contra Jehová, sus mismos siervos se rebelaron contra Amón, y lo mataron en su mismo palacio. Como él había profanado la casa de Jehová con sus ídolos, Dios permitió que su palacio fuera manchado con su sangre.

El pueblo entonces dio muerte a sus asesinos, y puso al heredero, el buen rey Josías, en el trono.

REINADO DE JOSÍAS

Capítulo # 22

Versos 1-2: "Cuando Josías comenzó a reinar era de ocho años, y reinó en Jerusalén treinta y un años. El nombre de su madre fue Jedida, hija de Adaía, de Boscat. E hizo lo recto ante los ojos de Jehová, y anduvo en todo el camino de David su padre, sin apartarse a derecha ni a izquierda."

Como Josías eran tan pequeño no recibió la impresión del ejemplo de su padre ni de su abuelo, pero pronto vio sus errores, y Dios le dio gracia para recibir aviso de ellos. Aunque nacido de un padre perverso, criado y aconsejado tal vez por gente perversa, y pocos que le aconsejaran bien, Dios le dio la gracia de ser un santo eminente. El lo cortó del olivo silvestre y lo injertó al buen olivo.

Versos 3-8: "A los dieciocho años del rey Josías, envió el rey a Safán hijo de Azalia, hijo de Mesulam, escriba, a la casa de Jehová, diciendo: Ve al sumo sacerdote Hilcías, y dile que recoja el dinero que han traído a la casa de Jehová, que han recogido del pueblo los guardianes de la puerta, y que lo pongan en manos de los que hacen la obra, que tienen a su cargo el arreglo de la casa de Jehová, y que lo entreguen a los hacen la obra de la casa de Jehová, para que reparen las grietas de la casa;

"A los carpinteros, maestros y albañiles, para comprar madera y piedra de cantería para reparar la casa; y que no se les tome en cuenta del dinero cuyo manejo se les confiare, porque ellos proceden con honradez."

Ya hacían 254 años que el rey Joás había reparado el templo. En tiempo del rey Ezequías, éste le había reparado la puerta; pero luego había tenido que quitar el oro con que la había cubierto, para darlo al rey de Asiria. De esto hacían 102 años.

El rey Josías había reinado 18 años, cuando se dedicó a la reparación del templo; ya él tenía 26 años.

Verso 8-13:"Entonces dijo el sumo sacerdote Hilcías al escriba Safán: he hallado el libro de la ley en la casa de Jehová. E Hilcías dio el libro a Safán, y lo leyó.

JOSÍAS Y EL LIBRO DE LA LEY

"Viniendo luego el escriba Safán al rey, dio cuenta al rey y dijo: Tus siervos han recogido el dinero que se halló en el templo, y lo han entregado en poder de lo que hacen la obra, que tienen a su cargo el arreglo de la casa de Jehová.

"Asimismo el escriba Safán declaró al rey, diciendo: El sacerdote Hilcías me ha dado un libro. Y lo leyó Safán delante del rey. Cuando el rey hubo oído las palabras del libro de la ley, rasgó sus vestidos.

"Luego el rey dio orden al sacerdote Hilcías, a Ahicán hijo de Safán, a Acbor hijo de Micaías, al escriba Safán y a Asaías siervo del rey, diciendo: Id y preguntad a Jehová por mí, y por todo el pueblo, y por todo Judá, acerca de las palabras de este libro que se ha hallado; porque grande es la ira de Jehová que se ha encendido contra nosotros, por cuanto nuestros padres no escucharon las palabras de este libro, para hacer conforme a todo lo que nos fue escrito."

Al comenzar la reparación del templo, el sumo sacerdote encontró la Torah, los cinco libros de Moisés, que había estado perdido por mucho tiempo. Tal vez durante el reino de los reyes idólatras, el libro fue enterrado para que el pueblo no oyera su lectura.

Esto significa que los sumos sacerdotes mismos no lo tenían. Ellos oficiaban de acuerdo a lo que había oído de sus padres, pero no conforme a lo que decía el Pentateuco.

Cuando pensamos en el peligro que tuvo la Escritura sagrada, de ser destruida, temblamos como Elí, cuando los filisteos se llevaron el arca. Podemos pensar que ni el mandamiento de que el rey tuviera una copia del libro, ni la lectura del mismo dada al pueblo, (Deuteronomio 17: 18, 31: 10-11), se había cumplido en largo tiempo.

HULDA LA PROFETIZA

El pueblo sólo escuchaba partes de la ley; como la dan los sacerdotes papistas, por no tomar el tiempo de estudiar a fondo la Escritura; y le daban al pueblo una serie de ritos de su propia invención, dejando a un lado las promesas y las amenazas de la palabra.

Cuando el rey escuchó lo que la Torah decía, se dio cuenta que desde hacía tiempo nadie conocía la Escritura sagrada; y lo mucho que el pueblo había ofendido a Dios.

Entonces rasgó sus vestidos en señal de luto, y demandó que alguien la interpretara.

Verso 14: "Entonces fueron el sacerdote Hilcías, y Ahicam, Acbor, Safán y Asaías, a la profetisa Hulda, mujer de Salum hijo de Ticva, hijo de Harhas, guarda de las vestiduras, la cual moraba en Jerusalén en la segunda parte de la ciudad, y hablaron con ella."

Tres cosas importantes notamos aquí. 1: Nadie usaba apellidos; el apellido era el nombre del padre. 2: El sumo sacerdote no sabía interpretar la Sagrada Escritura. 3: El espíritu de profecía era depositado en vasos de barro, pero en varias ocasiones fue depositado en el vaso más débil. Miriam, Débora, Ana, y Hulda.

4: Que aunque la gente no conocía la palabra de Dios, cuando violaban la ley de Dios, el castigo les seguía. Esto nos enseña que nadie tiene excusa. El desconocer la ley de gravedad, no libra al que la viola. El desconocer el evangelio, no libra al hombre del infierno.

Hulda era la mujer del guarda de las vestiduras reales, por lo que era conocida. Tal vez la habían consultado en otras ocasiones y habían comprobado que hablaba la palabra de Dios. Los judíos dicen que Hulda les profetizaba a las mujeres de la corte del rey, siendo ella una de ellas. Ella vivía en el lugar llamado Mishneh, el segundo grupo de edificios del palacio real.

Verso 15-20: "Y ella les dijo: Así ha dicho Jehová el Dios de Israel: Decid al varón que os envió a mí: Así dijo Jehová: He aquí yo traigo paz sobre este lugar, y sobre los que en él moran, todo el mal que habla este libro que ha leído el rey de Judá;

"Por cuanto me dejaron a mí, y quemaron incienso a dioses ajenos, provocándome a ira con toda la obra de sus manos; mi ira se ha encendido contra este lugar, y no se apagará.

"Más al rey de Judá que os ha enviado para que preguntaseis a Jehová, diréis así: Así ha dicho Jehová el Dios de Israel: Por cuanto oíste las palabras del libro, y tu corazón se enterneció, y te humillaste delante de Jehová, cuando oíste lo que yo he pronunciado contra este lugar y contra sus moradores, que vendrán a ser asolados y malditos, y rasgaste tus vestidos, y lloraste en mi presencia, también yo te he oído, dice Jehová.

"Por lo tanto, he aquí yo te recogeré con tus padres, y serás llevado a tu sepulcro en paz, y no verán tus ojos todo el mal que yo traigo sobre este lugar. Y ellos dieron la respuesta al rey."

La profetiza Hulda no habló en la lengua de los cortesanos, haciendo reverencia al rey y llamándolo "su Majestad", sino en el dialecto de los profetas: "Decidle al varón que os envió a mí. Así dice Jehová."

Entonces les reveló los juicios que Dios tenía para los de Judá y Jerusalén. "Mi ira se ha encendido contra este lugar." ¿Y qué es el infierno, sino la ira encendida de Dios contra los pecadores?

Ellos no habían guardado los mandamientos de Jehová. El desconocerlos, no era excusa, porque: *"Las cosas invisibles de él, su eterno poder y deidad, se hacen claramente visibles desde la creación del mundo, siendo entendidas por medio de las cosas hechas, de modo que no tienen excusa." Romanos 3:20.*

Es claro que los judíos no conocían el libro de la Ley palabra por palabra, pero todos sabían del Dios del Pacto; de los milagros y maravillas; porque las habían oído generación por generación. Además, Dios no los había dejado sin testimonio. Allí tenían el templo, los sacerdotes y los profetas.

Entonces la profetisa Hulda les reveló el pensamiento y la misericordia que Dios tenía reservada para el rey Josías. El juicio no vendría en su tiempo, sino en el futuro.

REFORMAS DEL REY JOSÍAS
Capítulo # 23

Versos 1-3: "Entonces el rey mandó reunir con él a todos los ancianos de Judá y de Jerusalén. Y subió a la casa de Jehová con todos los varones de Judá, y con todos los moradores de Jerusalén, con los sacerdotes y profetas, y con todo el pueblo, desde el más chico hasta el más grande; y leyó, oyéndolo ellos, todas

las palabras del libro del pacto que había sido hallado en la casa de Jehová."

"Y poniéndose el rey en pie junto a la columna, hizo pacto delante de Jehová, de que irían en pos de Jehová, y guardarían sus mandamientos, sus testimonios y sus estatutos, con todo el corazón y con toda el alma, y que cumplirían las palabras del pacto que estaban escritas en el libro. Y todo el pueblo confirmó el pacto."

El rey Josías no se sentó a esperar que el Señor le salvara a él, como le había dicho, sino que se dispuso a envolver a todo el pueblo; y que luego el Señor hiciera como quisiera.

El llamó a una reunión extraordinaria, a los príncipes, los jueces, los profetas, los sacerdotes, y al pueblo común. Todos tenían derecho de oír las palabras escritas en el libro que habían encontrado. Entonces él mismo leyó la Torah al pueblo.

Los gobernantes de las naciones deben escudriñar la Biblia, y gobernar al pueblo de acuerdo a ella, e instruir al pueblo en la Palabra de Dios. Sólo así tendrán paz y bendición en sus países.

Es triste ver a gobernantes besando la mano al Papa, y siguiendo sus consejos, sin darse cuenta que el Papa es un político que tiene la mirada puesta en su tierra, el Vaticano, y el deseo de controlar por medio del clero, a todos los países del mundo.

El rey Josías hizo pacto con todo el pueblo, y todos hicieron pacto con Jehová, comprometiéndose a cumplir los mandamientos del libro que ya habían escuchado de labios de su rey.

EL REY JOSÍAS DESTRUYENDO LOS ÍDOLOS

Versos 4-6: "Entonces mandó el rey al sumo sacerdote Hilcías, a los sacerdotes de segundo orden, y a los guardianes de la puerta, que sacasen del templo de Jehová todos los utensilios que habían sido hechos para Baal, para Asera, y para todo el ejército de los cielos; y los quemó fuera de Jerusalén, en el campo del Cedrón, e hizo llevar las cenizas de ellos a Bet-el.

"Y quitó a los sacerdotes idólatras que habían puesto los reyes de Judá para que quemasen incienso en los lugares altos en las ciudades de Judá, y en los alrededores de

Jerusalén; y asimismo a los que quemaban incienso a Baal, al sol, a la luna, y todo el ejército de los cielos.

"Hizo también sacar la imagen de Asera fuera de la casa de Jehová, fuera de Jerusalén, al valle de Cedrón, y la quemó en el valle de Cedrón, y la convirtió en polvo, y echó el polvo sobre los sepulcros de los hijos del pueblo."

Aunque el rey Josías había quitado la idolatría de Judá, todavía los sacerdotes guardaban los utensilios de oro y plata, que se usaron para los sacrificios de los dioses. Todavía tenían la imagen de Asera, (Venus), en el templo. Estos sacerdotes era llamados Chemarin, vestidos de negro que sacrificaban ante Osiris, (Zofonías. 1:4), y endechaban a Tamuz, (Eze.8:14), o Milcón, el mismo Osiris.

No vaya muy lejos; ¡todavía está en los llamados templos y catedrales! Solamente cambió de nombre. Ahora se llama: María. Todavía se adoran allí a los muertos: las reliquias son huesos de muertos; y están en el altar mayor. Esto es una abominación de acuerdo a la Palabra de Dios. (Levítico 21:1, Números. 19:11.)

El culto a Baal es la astrología. La adoración del sol, la luna, las estrellas, y los signos de zodíaco. La celebración de la semana santa, es un hecho astrológico. Es celebrada en la luna llena. Ese día muere el sol. Es por eso que no se celebra de acuerdo al calendario de la Pascua de los judíos, que fue cuando realmente murió Cristo.

Versos 7-9: "Además derribó los lugares de prostitución idolátrica que estaban en la casa de Jehová, en las cuales tejían las mujeres tiendas para Asera. E hizo venir a todos los sacerdotes de Judá, y profanó los lugares altos donde los sacerdotes quemaban incienso, desde Geba hasta Beerseba; y derribó los altares de las puertas que estaban en la entrada de la puerta de Josué, gobernador de la ciudad, que estaba a la mano izquierda, a la puerta de la ciudad.

"Pero los sacerdotes de los lugares altos no subían al altar de Jehová en Jerusalén, sino que comían panes sin levadura entre sus hermanos."

ASERA, LA DIOSA DE LA FERTILIDAD

Las mujeres tejían tiendas que cubrían la imagen de Venus en las cuales sus adoradores cometían todo acto de inmoralidad. Los sodomitas también tenían allí sus tiendas, junto al templo de Jehová. En ellas se practicaba la homosexualidad religiosa. El templo se había convertido en un burdel, en desafío al Dios del pacto.

Pero no vaya muy lejos: El domingo de pascua, los inocentes conejos, son el símbolo y la adoración a Asera, la diosa de la fertilidad. Ya la gente no celebra la resurrección del Señor, sino la fiesta de Asera, o del conejo.

Muchas iglesias se han convertido en tiendas de sodomitas, donde sus líderes violan a los niños por centenares, dañando sus vidas para siempre. Esto ha sucedido en todos los tiempos: Por eso la Palabra de Dios dice que el ministro debe ser casado y ser padre de familia, prohibiendo el celibato religioso.

Cuando el apóstol Pablo dijo que era mejor quedarse soltero, era por causa de la persecución existente en su tiempo, pero esta no era una ley.

El rey Josías profanó los lugares altos de Judá. Muchos sacerdotes se habían ido de la ciudad y se habían dedicado a servir a Jehová en los lugares altos, por no asistir al templo en aquellas condiciones. Otros habían profanado su llamado y se habían dedicado a la idolatría, como el levita mencionado en Jueces 17 y 18.

Los sacerdotes de los lugares altos de Samuel en Mizpa, y de David en el Monte Gabaón, no iban al Templo. En la ciudad también había muchos altares en la terraza de las casas particulares. Aún en las puertas de la ciudad; el mismo gobernador de la ciudad tenía su altar en la puerta, (Jeremías 19:13, Zofonías 1:5.)

ADORACIÓN AL SOL

Verso 10: "Asimismo profanó a Tofet, que está en el valle del hijo de Hinom, para que ninguno pasase su hijo o hija por fuego a Moloc."

Moloc, el dios buey; era un dios de suma crueldad, así como Venus era una diosa de suma suciedad moral. Su altar estaba en Tofet. El significado de Tofet es: tambor y "lugar aborrecible." Mientras los niños eran quemados en el altar de este dios, el ruido de los tambores ahogaba los gritos de dolor de los niños. También se conoce como "el valle de la matanza."

Verso 11: "Quitó también los caballos que los reyes habían dedicado al sol a la entrada del templo de Jehová, junto a la cámara de Natán-melec eunuco, el cual tenía a su cargo los ejidos; y quemó al fuego los carros del sol."

Junto a la entrada del templo, estaban las cuadras de los caballos sagrados dedicados al sol. Aquellos caballos, con sus carrozas, eran llevados cada mañana, con mucha pompa, a encontrar al sol naciente, llevando a los sacerdotes de Baal, el dios sol, el Osiris de los egipcios, a honrar al sol.

El Talmud de los judíos dice que el sol es el rostro de Dios. Esta es una creencia derivada de la adoración al sol. Todas las catedrales tienen un Roseta, y una hostia, símbolos del sol. Gracias a Dios que entre los sacerdotes hay muchos que han descubierto la verdad de la Palabra del evangelio, y la están dando a sus feligreses. Estos ya han echado fuera la idolatría a Venus, y sirven a Cristo.

Verso 12: "Derribó además el rey los altares que estaban sobre la azotea de la sala de Acab, que los reyes de Judá habían hecho, y los altares que había hecho Manasés en los dos atrios de la casa de Jehová; y de allí corrió y arrojó el polvo al arroyo de Cedrón."

En la azotea del palacio donde Josías vivía, estaban los altares de su abuelo Acaz. Estos fueron derribados y hechos polvo, junto con los que había hecho Manasés, su padre en los dos atrios de la casa de Jehová.

Versos 13-16: "Asimismo profanó el rey los lugares altos que estaban delante de Jerusalén, a la mano derecha del monte de la destrucción, los cuales Salomón había edificado a Astoret ídolo abominable de los sidonios, a Quemos ídolo abominable de Moab, y a Milcom, ídolo abominable de los hijos de Amón.

"Y quebró las estatuas, y derribó las imágenes de Asera, y llenó el lugar de ellos de huesos de hombres.

"Igualmente el altar que estaba en Bet-el, y el lugar alto que había hecho Jeroboam hijo de Nabat, el que hizo pecar a Israel; aquel altar y el lugar alto destruyó, y lo quemó, y lo hizo polvo, y puso fuego a la imagen de Asera.

"Y se volvió Josías, y viendo los sepulcros que estaban allí en el monte, envió y sacó los huesos de los sepulcros, y los quemó sobre el altar para contaminarlo, conforme a la palabra de Jehová que había profetizado el varón de Dios, el cual había anunciado esto."

El rey Josías destruyó los altares que Salomón había hecho a los dioses de sus mujeres. Astoret, diosa de Sidón: a Quemos, dios de Moab, y a Milcom dios de Amón.

Tal vez estas estatuas habían sido removidas por los reyes piadosos antes de él, sin embargo sus altares no habían sido derribados. Para que el pueblo no regresara a ellos, los llenó de huesos de hombres, para contaminarlos con muerto.

Entonces quemó el altar del becerro que había hecho Jeroboam en Bet-el, e hizo polvo la imagen de Asera. Estando destruyendo el altar del becerro, vio el cementerio, sacó los huesos, y los quemó sobre el altar. (1 Reyes 12:33.)

Este fue el cumplimiento de lo que profetizó el profeta Semaías, (1 Reyes 13; 1-2.), 351 años antes, cuando Jeroboam estaba dedicando el altar. El profeta profetizó que a la casa de David le nacería un hijo llamado Josías, que quemaría sobre el altar huesos de muertos.

Verso 17-20: "Después dijo: ¿Qué monumento es este que veo? Y los de la ciudad le respondieron: Este es el sepulcro del varón de Dios que vino de Judá, y profetizó estas cosas que tú has hecho sobre el altar de Bet-el.

"Y él dijo: Dejadlo; ninguno mueva sus huesos; y así fueron preservados sus huesos, y los huesos del profeta que había venido de Samaria. Y todas las casas de los lugares altos que estaban en las ciudades de Samaria, las cuales habían hecho los reyes de Israel para provocar a ira, las quitó Josías, e hizo con ellas como había hecho en Bet-el.

"Mató además sobre los altares a los sacerdotes de los lugares altos que allí estaban, y quemó sobre ellos huesos de hombres, y volvió a Jerusalén.

El rey Josías fue por todo el territorio de Israel, destruyendo los altares, y quemando sobre ellos huesos de hombres para contaminarlos. Cuando estaba en Bet-el destruyendo el altar de Jeroboam, el del becerro, vio el monumento de Semaías, y lo respetó. Así se salvaron los huesos del viejo profeta también.

Los sacerdotes de los lugares altos fueron ejecutados sobre los altares. Si habían sido levitas, no debían volver jamás al templo. Ellos habían servido en la sinagoga de Satanás, por lo que su ejecución era justa.

JOSIAS CELEBRA LA PASCUA

Versos 21-23: "Entonces mandó el rey a todo el pueblo, diciendo: Haced la pascua a Jehová vuestro Dios, conforme a lo que está escrito en el libro de este pacto. No había sido hecha tal pascua desde los tiempos en que los jueces gobernaban a Israel, ni en todos los tiempos de los reyes de Israel y de los reyes de Judá. A los dieciocho años del rey Josías fue hecha aquella pascua a Jehová en Jerusalén."

Es evidente que Josías fue el mejor rey de los que se sentaron en el trono de David en Judá. Él fue el rey reformador. Él se volvió a Jehová, contra quien su padre se había apartado. El dedicó su corazón y su alma al servicio de Jehová.

Los reyes de Judá ni los de Israel habían celebrado la pascua. David había traído el arca a Jerusalén. Salomón había construido el templo, pero fue Josías el que celebró la pascua. 2 Crónicas 35:7 dice que el rey dio 30,000 ovejas y tres mil bueyes de su hacienda para celebrar la pascua. Los sacerdotes dieron y los príncipes dieron 2,600 ovejas y 300 bueyes. Los levitas dieron 5,00 ovejas y 500 bueyes. En total 37,600 ovejas y 3,800 bueyes fueron sacrificados en aquella pascua, que fue la más grande de todas.

PERSISTE LA IRA DE JEHOVÁ CONTRA JUDÁ

Versos 24-27: "Asimismo barrió Josías a los encantadores, adivinos y terafines, y todas las abominaciones que se veían en tierra de Judá y en Jerusalén, para cumplir las palabras de la ley que estaban escritas en el libro que el sacerdote Hilcías había hallado en la casa de Jehová.

LOS TERAFINES, PEQUEÑAS ESTATUAS

"No hubo otro rey antes de él, que se convirtiese a Jehová de todo su corazón, de toda su alma y de todas sus fuerzas, conforme a toda la ley de Moisés; ni después de él nació otro igual.

"Con todo eso, Jehová no desistió del ardor con que su gran ira se había encendido contra Judá, por todas las provocaciones con que Manasés le había irritado.

"Y dijo Jehová; También quitaré de mi presencia a Judá, como quité a Israel, y desecharé a esta ciudad que había escogido, a Jerusalén, y a la casa de la cual yo había dicho: Mi nombre estará allí."

En su dedicación a la reforma, el rey Josías, leyendo la Palabra de Dios vio que había que exterminar a los adivinos, los encantadores, los espiritistas, santeros, y los ídolos que usaban en sus hechicerías. Él lo hizo al pie de la letra.

Sin embargo, continuó encendida. Los pecados de Manasés habían sido peores que los de los reyes de Israel. Por pecados menores, había sido llevado cautivo Israel a Asiria. Así que Dios pasó sentencia sobre Judá. Ella también sería llevada cautiva. El Señor sabía que una vez que faltara el rey Josías, volverían a sus idolatrías, porque aunque por temor ahora servía a Jehová, por orden del rey, sus ídolos permanecían en sus corazones.

MUERTE DE JOSÍAS A MANO DEL FARAÓN NECAO DE EGIPTO

Versos 28-30: "Los demás hecho de Josías, y todo lo que hizo, ¿no está todo escrito en el libro de las crónicas de los reyes de Judá? En aquellos días subió Faraón Necao rey de Egipto subió contra el rey de Asiria al río Eufrates, y salió contra él el rey Josías; pero aquel, así que le vio, lo mató en Meguido

"Y sus siervos le pusieron en un carro, y lo trajeron muerto de Meguido a Jerusalén, y lo sepultaron en su sepulcro. Entonces todo el pueblo de la tierra tomó a Joacaz hijo de Josías, y lo ungieron y lo pusieron por rey en lugar de su padre.

El buen rey Josías sólo reinó 31 años sobre Judá. Murió de 39 años. La bendición no podía continuar. La ira del Señor estaba encendida. El faraón subió contra Asiria, pero debía pasar por territorio de Judá en su viaje al Eufrates.

Josías no consultó a Jehová, sino que se envolvió en la guerra que no era suya. El Señor le había prometido su protección, pero él se había salido de la protección divina cuando se envolvió en el problema que no era suyo.

JOACAZ REY DE JUDÁ: TRES MESES

Versos 31-33: *"De veintitrés años era Joacaz cuando comenzó a reinar, y reinó tres meses en Jerusalén. El nombre de su madre fue Hamutal hija de Jeremías, de Libna.*

"Y él hizo lo malo ante los ojos de Jehová, conforme a todas las cosas que sus padres habían hecho. Y lo puso preso Faraón Necao en Ribla en la provincia de Hamat, para que no reinase en Jerusalén; e impuso sobre la tierra una multa de cien talentos de plata, y uno de oro."

Jerusalén no volvió a ver un día bueno después que Josías fue enterrado. Aquí tenemos la corta historia de dos de sus hijos. El reloj de la Providencia había sido puesto en movimiento. Dentro de 22 años Judá sería llevada cautiva a Babilonia.

Joacaz, el primero, hizo lo malo ante los ojos de Jehová. El continuó en el camino de Manasés. Aunque había sido criado en los caminos de Josías, hizo lo malo, aun en los días de su padre.

Los hijos tienen la libertad de escoger qué camino han de seguir, cuando llegan a adultos. El trabajo y la obligación de los padres, es de instruirlos en lo recto. El escoger un camino de error puede ser fatal para ellos, pero sus padres son sin culpa.

A los tres meses de su reinado, fue hecho prisionero por el rey de Egipto, y murió en la cárcel.

Versos 34-35: *"Entonces Faraón Necao puso por rey a Eliaquim hijo de Josías, en lugar de Josías su padre, y le cambió el nombre por el de Joacím; y tomó a Joacaz y lo llevó a Egipto, y murió allí.*

"Y Joacim pagó a Faraón la plata y el oro; mas hizo avaluar la tierra para dar el dinero conforme al mandamiento de Faraón, sacando la plata y el oro del pueblo de la tierra, de cada uno según la estimación de su hacienda, para darlo a Faraón Necao."

Podemos especular que el problema de Joacaz, fue que no obedeció a tiempo la orden del faraón, sino que trató de rebelarse. El faraón entonces, puso a Joacím en su lugar, y a él lo llevó preso a Egipto.

Joacím, puso impuestos a los moradores de Judá para cumplir con las demandas del faraón rey de Egipto. Sin embargo, todo esto era en cumplimiento de la Palabra de Dios, que dice que la ira d Dios contra Judá se había encendido, y que la entregaría en mano de sus enemigos.

JOACIM REY DE JUDÁ: 11 AÑOS

Verso 36-37: *"De veinticinco años era Joacim cuando comenzó a reinar, y once años reinó en Jerusalén. El nombre de su madre fue Zebuda, hija de Pedaías, de Ruma. E hizo lo malo ante los ojos de Jehová, conforme a todas las cosas que sus padres habían hecho."*

Anteriormente los israelitas habían despojado a Egipto. Por once años los egipcios despojaron a los israelitas. Esto, sin embargo, no cambió al rey Joacim. El también hizo lo malo ante los ojos de Jehová, siguiendo los pasos de Manasés.

Mientras tanto Judá se iba sumiendo en la pobreza. A pesar de las reprensiones del Señor, por las cuales debió haber sido convencido y reformado, continuó en sus malos caminos, preparándose para recibir juicios peores.

Capítulo # 24

Versos 1: "En su tiempo subió en campaña Nabucodonosor rey de Babilonia. Joacim vino a ser su siervo por tres años, pero luego volvió y se rebeló contra él."

Aquí encontramos la mención de uno de los reyes más poderosos de la historia. Él era aquella cabeza de oro; el terror de las naciones, sin embargo, si no hubiera tenido algo que ver con la destrucción de Jerusalén, su nombre se hubiera perdido en las tinieblas de los siglos. El reinaba en lo que hoy se conoce como Irak.

Nabucodonosor comenzó a reinar en el cuarto año de Joacim. Entonces subió contra Judá, y Joacim fue su tributario por tres años. En el año octavo de su reino, Joacim se reveló contra Nabucodonosor.

Versos 2-7: "Pero Jehová envió contra Joacim tropas de caldeos, tropas de sirios, tropas de moabitas y tropas de amonitas, los cuales envió contra Judá para que la destruyesen, conforme a la palabra de Jehová que había hablado por sus siervos los profetas.

NABUCODONOSOR, REY DE BABILONIA

"Ciertamente vino esto contra Judá por mandato de Jehová, para quitarla de su presencia, por los pecados de Manasés, y por todo lo que él hizo; asimismo por la sangre inocente que derramó, pues llenó a Jerusalén de sangre inocente; Jehová, por tanto, no quiso perdonar.

"Los demás hechos de Joacim, y todo lo que hizo, ¿no está escrito en el libro de las crónicas de los reyes de Judá? Y durmió Joacim con sus padres, y reinó en su lugar Joaquín su hijo. Y nunca más el rey de Egipto salió de su tierra; porque el rey de Babilonia le tomó todo lo que era suyo desde el río de Egipto hasta el río Eufrates."

Al ver la tierra tan debilitada por causa del rey de Egipto, los vecinos de Judá decidieron venir contra ellos. Todo esto era principio de dolores del juicio que se acercaba para ellos.

En 2 Crón. 36 5-7 dice que Nabucodonosor llevó cautivo con cadenas a Joacim a Babilonia, y que se llevó los utensilios del templo, y los puso en el templo de sus dioses en Babilonia.

Joacim fue el rey a quien el profeta Jeremías le diera el rollo de las profecías acerca de Israel y Judá, y él lo quemó, sin poner atención a las palabras de Dios. (Jer. 36).

JOAQUIN Y LOS NOBLES SON LLEVADOS CAUTIVOS A BABILONIA

Versos 8-9: "De dieciocho años era Joaquín cuando comenzó a reinar, y reinó en Jerusalén tres meses. El nombre de su madre fue Nehusta hija de Elnatán, de Jerusalén. E hizo lo malo ante los ojos de Jehová, conforme a todas las cosas que había hecho su padre."

Esta debía haber sido la historia del reino de Joaquín, sin embargo se convirtió en la historia de su cautiverio. El sólo reinó tres meses. El siguió en los caminos de su padre Joacim; y también hizo lo malo ante los ojos de Jehová.

Versos 10-13: "En aquel tiempo subieron contra Jerusalén los siervos de Nabucodonosor rey de Babilonia, y la ciudad fue sitiada. Vino también Nabucodonosor rey de Babilonia contra la ciudad, cuando sus siervos la tenían sitiada.

"Entonces salió Joaquín rey de Judá al rey de Babilonia, él y su madre, sus siervos, sus príncipes y sus oficiales; y lo prendió el rey de Babilonia en el año octavo de su reinado. Y sacó de allí todos los tesoros de la casa de Jehová, y los tesoros de la casa real, y rompió en pedazos

todos los utensilios de oro que había hecho Salomón rey de Israel en la casa de Jehová, como Jehová había dicho."

Enseguida que Joaquín oyó que el rey de Babilonia había venido a sitiar la ciudad, salió a él a rendirse. Si él hubiera seguido el método de Ezequías, no hubiera tenido necesidad de rendirse.

El llevó con él a sus mujeres, su madre, los príncipes y oficiales como prisioneros de guerra. Entonces Nabucodonosor se llevó los tesoros de la iglesia y del estado. Se llevó los vasos del templo, que Salomón había hecho. Aquí se cumplió la palabra de Isaías a Ezequías en el cap. 20: 17. Todo lo que sus padres habían atesorado sería llevado a Babilonia.

Encontramos en Daniel 5, al rey Belsasar haciendo un servicio a sus dioses, usando los vasos del templo.

Verso 14-17: "Y llevó en cautiverio a toda Jerusalén, a todos los príncipes, y a todos los hombres valientes, hasta diez mil cautivos, y a todos los artesanos y herreros; no quedó nadie, excepto los pobres del pueblo de la tierra.

"Asimismo llevó cautivos a Babilonia a Joaquín, a la madre del rey, a las mujeres del rey, a sus oficiales, y a los poderosos de la tierra; cautivos los llevó a Babilonia. Y el rey puso por rey en lugar de Joaquín a Matanías su tío, y le cambió el nombre por el de Sedequías."

En este cautiverio, fue llevado cautivo Daniel, Sadrac, Mesac y Abed-nego, Ezequiel, y Mardoqueo: (Esther 2:6). Ellos fueron hechos eunucos, de acuerdo a la profecía de Isaías. (2 Reyes 20:18.)

Nabucodonosor se llevó a los herreros, para que no hicieran armas. 10,000 cautivos fueron a Babilonia. El mismo rey Joaquín estuvo cautivo en Babilonia 37 años. Este Joaquín es el mismo Jeconías, y Conías. (1 Crón. 3;16 , Jer. 22:24.)

REINADO DE SEDEQUÍAS: 11 AÑOS

Versos 18-20: "De veintiún años era Sedequías cuando comenzó a reinar; y reinó en Jerusalén once años. El nombre de su madre fue Hamutal, hija de Jeremías de Libna.

"E hizo lo malo ante los ojos de Jehová, conforme a todo lo que había hecho Joacim. Vino, pues, la ira de Jehová contra Jerusalén y Judá, hasta que los echó de su presencia. Y Sedequías se rebeló contra el rey de Babilonia."

Sedequías era hijo de Josías y hermano de padre y madre de Joacaz. Era tío de Joaquín. Este otro hijo del buen rey Josías, también hizo lo malo ante los ojos de Jehová. La gracia se había terminado para los reyes de Judá. Todo se precipitaba a la ruina en cumplimiento de la Palabra de Dios.

Durante los once años del reinado de Sedequías, el profeta Jeremías estuvo amonestándolo, y hablándole de parte de Jehová. Él no le escuchó, más bien lo puso en la cárcel, y luego en la cisterna, (Jeremías 37-38).

Los sacerdotes contaminaron el templo nuevamente con sus ídolos. La ira de Jehová se encendió y llegó el tiempo de la ruina profetizada contra Judá.

SEDEQUÍAS PUSO A JEREMIAS EN UN POZO

PORQUE LE PREDICABA LA PALABRA DE DIOS

****

CAIDA DE JERUSALEN

Capítulo # 25

Versos 1-3: "Aconteció a los nueve años de su reinado, en el mes décimo, a los diez días del mes, que Nabucodonosor rey de Babilonia vino con todo su ejército contra Jerusalén, y la sitió, y levantó torres contra ella alrededor.

"Y estuvo la ciudad sitiada hasta el año undécimo del rey Sedequías. A los nueve días del cuarto mes, prevaleció el hambre en la ciudad, hasta que no hubo pan para el pueblo de la tierra."

En el capítulo 17 de Ezequiel, está la parábola de las águilas y la vid. En ella se cuenta la historia de Sedequías, tratando de rebelarse contra el rey de Babilonia, y buscando ayuda del rey de Egipto, violando así el pacto que había hecho con el que le había puesto por rey de Judá.

Naturalmente la violación de pacto trajo sus consecuencias. El rey Nabucodonosor vino y sitió la ciudad por dos años. El edificó baluartes alrededor de la ciudad. Al principio el ejército se retiró por temor al rey de Egipto, (Jeremías 37:11). Pero al darse cuenta que éste no era tan fuerte, volvieron a cercar la ciudad.

Como en todos los casos de sitio de ciudades, no había entrada de alimentos a la ciudad. El hambre prevaleció. ¿Qué hacer cuando hay hambre y no hay de dónde sacar alimentos para el pueblo?

Versos 4-7: "Abierta ya una brecha en el muro de la ciudad, huyeron de noche todos los hombres de guerra por el camino de la puerta que estaba entre los dos muros, junto al huerto del rey, estando los caldeos alrededor de la ciudad; y el rey se fue por el camino del Arabá.

"Y el ejército de los caldeos siguió al rey, y lo apresó en las llanuras de Jericó, habiendo sido dispersado todo su ejército. Preso, pues, el rey, le trajeron al rey de Babilonia en Ribla, y pronunciaron contra él sentencia.

"Degollaron a los hijos de Sedequías en presencia suya, y a Sedequías le sacaron los ojos, y atado con cadenas lo llevaron a Babilonia."

El ejército de Sedequías, conociendo el pasaje que existía entre el muro, sacaron al rey y caminaron por el medio del muro hasta salir a la salida de Jericó. Los babilonios no conocían este pasaje secreto, pero alguien dio aviso, y el rey fue apresado.

Sus pequeños hijos fueron degollados en su presencia, y a él le sacaron los ojos. Solamente tenía 29 años. Esto lo hicieron por su falsedad, su traición, y sobre todo la violación del pacto. Ezequiel había profetizado que Sedequías no vería a Babilonia. (Ezequiel 12:13). Entonces lo llevaron a Irak.

Versos 8-12: *"En el mes quinto, a los siete días del mes, siendo el año diecinueve de Nabucodonosor rey de Babilonia, vino a Jerusalén Nabuzaradán, capitán de la guardia, siervo del rey de Babilonia.*

"Y quemó la casa de Jehová, y la casa del rey, y todas las casas de Jerusalén; y todas las casas de los príncipes quemó a fuego. Y todo el ejército de los caldeos que

estaban con el capitán de la guardia, derribó los muros alrededor de Jerusalén.

EL CAUTIVERIO DE LOS JUDÍOS AL BABILONIA

"Y a los del pueblo que habían quedado en la ciudad, a los que se habían pasado al rey de Babilonia, y a los que habían quedado de la gente común, los llevó cautivos Nabuzaradán, capitán de la guardia. Más a los pobres de la tierra dejó Nabuzaradán, capitán de la guardia, para que labrasen las viñas y la tierra."

Aunque los caldeos estaban bien enojados con la ciudad, por los dos años que los tuvieron rodeándola sin rendirse, no prendieron fuego a toda la ciudad, ni pasaron a espada a sus habitantes, sino sólo al templo, al palacio y a las casas de los príncipes.

A los pobres los dejaron para que labrasen la tierra, y se llevaron cautivos al resto a Babilonia. El rey no tenía planes de traer gente de otros lugares a poblar a Jerusalén. Dios tenía sus planes, y estaba en control.

El templo de Salomón había sido dedicado en el año 1004. El mismo fue quemado en el año 536, en sólo 468 años. Se cree que el arca se quemó dentro del templo, porque nadie se atrevía tocarla, después de la experiencia de los filisteos.

El libro segundo de los Macabeos, capítulo dos, dice que el profeta Jeremías ordenó a los deportados tomar del fuego sagrado, y que les entregó un ejemplar de la ley, y que llevó el tabernáculo y el arca, hasta el monte Pisga, y que llegando allí encontró una cueva, en la cual depositó el tabernáculo y el arca.

Entonces cerró la cueva. De los que habían venido con él algunos volvieron a buscar el lugar, pero no lo encontraron. Cuando Jeremías lo supo, los regañó diciéndoles que el lugar debía quedar oculto hasta que Dios volviera a tener misericordia de ellos.

Una historia más reciente dice que debajo del templo de Salomón habían construido una serie de túneles, en forma de laberinto, y que en él escondieron el arca. Los musulmanes encontraron el laberinto debajo de su mezquita, pero no permiten a nadie entrar al laberinto.

Versos 13-17: *"Y quebraron los caldeos las columnas de bronce que estaban en la casa de Jehová, y las basas, y el mar de bronce que estaba en la casa de Jehová. Y llevaron el bronce a Babilonia.*

"Llevaron también los calderos, las paletas, las despabiladeras, los cucharones, y todos los utensilios de bronce con que ministraban; incensarios, cuencos, los que, de oro, en oro, y los que de plata, en plata; todo lo llevó el capitán de la guardia.

"Las dos columnas, un mar, y las basas que Salomón había hecho para la casa de Jehová; no fue posible pesar todo esto. La altura de una columna era de dieciocho codos, y tenía encima un capitel de bronce; la altura del capitel era de tres codos, y sobre el capitel había una red y granadas alrededor, todo de bronce; e igual labor en la otra columna con sus red."

Al permitir el incendio del templo, el Señor nos muestra lo poco que le importa la pompa externa en su servicio cuando el poder y la sinceridad no existen.

Las murallas de Jerusalén fueron destruidas. Así el pecado destruye las defensas del creyente. La pobreza a veces es una bendición. Los ricos fueron llevados cautivos, y los pobres quedaron en libertad para trabajar en las viñas.

Las famosas columnas Jaquín y Boaz, fueron destruidas y su bronce llevado a Babilonia. Acaz había cortado los bordes de la fuente, y había puesto las vasijas en el suelo. Ahora el enemigo carga con todo y lo lleva a su tierra.

Versos 18-21: "Tomó entonces el capitán de la guardia al primer sacerdote Seraías, al segundo sacerdote Sofonías, y tres guardas de la vajilla; y de la ciudad tomó un oficial que tenía a cargo los hombres de guerra, y cinco varones de los consejeros del rey, que estaban en la ciudad.

"Estos tomó Nabuzaradán, capitán de la guardia, y lo llevó a Ribla al rey de Babilonia. Y el rey de Babilonia los hirió y los mató en Ribla, en tierra de Hamat. Así fue llevado cautivo Judá de sobre su tierra.

Muchos hombres importantes fueron muertos, incluyendo al sumo sacerdote Seraías, el padre de Esdrás. (Esd. 7:1). Sin embargo, la línea sacerdotal de Aarón continuaría. También la línea de Cristo como hijo de David continuaría.

Verso 22-24: "Y al pueblo que Nabucudonosor rey de Babilonia dejó en tierra de Judá, puso por gobernador a Gedalías hijo de Ahicam, hijo de Safán.

"Y oyendo todos los príncipes del ejército, ellos y su gente, que el rey de Babilonia había puesto por gobernador a Gedalías, vinieron a él a Mizpa; Ismael hijo de Netanías, Johanán hijo de Carea, Seraías hijo de Tanhumet netofatita, y Jaazanías hijo de un maacateo, ellos con los suyos.

"Entonces Gedalías les hizo juramento a ellos y a los suyos, y les dijo: No temáis de ser siervos de los caldeos; habitad en la tierra, y servid al rey de Babilonia, y os irá bien."

Aquí tenemos la dispersión de los que quedaron en las tierras de Judea. Su vida les había sido dada por presa. El rey de Babilonia les había puesto un gobernador de entre ellos. El padre de Gedalías era Ahicam fue el que protegió a Jeremías cuando los príncipes decidieron matarle. (Jer. 26:24.)

Tal vez Gedalías, por consejo de Jeremías había ido a los caldeos, y se había portado tan bien que el rey de Babilonia lo puso por gobernador de Judea.

El residía en Mizpa, y a él vinieron los que habían huido de Sedequías, y se pusieron bajo su protección. Aunque Gedalías no era un príncipe de sangre real, hubiera sido mejor que los príncipes con ellos, especialmente bajo la dirección del profeta Jeremías.

Verso 25-26: "Mas en el mes séptimo vino Ismael hijo de Netanías, hijo de Elisama, de la estirpe real, y con él diez varones, e hirieron a Gedalías, y murió; y también a los de Judá y a los caldeos que estaban con él en Mizpa.

"Y levantándose todo el pueblo, desde el menor hasta el mayor, con los capitanes del ejército, se fueron a Egipto, por temor a los caldeos."

Ismael y diez hombres asesinaron al buen gobernador que el rey de Babilonia les había puesto, por su odio a los caldeos. Ismael, siendo de extirpe real, por envidia mató a Gedalías. Entonces todos huyeron a Egipto, a pesar de la profecía de Jeremías, registrada en Jeremías 44:12-14. Allí los seguiría la espada. Estudie Jeremías. 41-44. Jeremías fue con ellos a Egipto llevando a las hijas del rey.

Versos 27-30: "Aconteció a los treinta y siete años del cautiverio de Joaquín rey de Judá, en el mes duodécimo, a los veintisiete días del mes, que Evil-merodac rey de Babilonia, en el primer año de su reinado, libertó a

Joaquín rey de Judá, sacándolo de la cárcel; y le habló con benevolencia, y puso su trono más alto que los tronos de los reyes que estaban con él en Babilonia.

"Y le cambió los vestidos de prisionero, y comió siempre delante de él todos los días de su vida. Y diariamente le fue dada su comida de parte del rey, de continuo, todos los días de su vida."

Hacía 37 años que Joaquín estaba preso en la cárcel de Babilonia. Los judíos dicen que Evil-merodac había estado preso, por orden de su padre, en la misma cárcel. Él había sido echado en la cárcel por mala administración cuando Nabucodonosor estuvo loco.

En la prisión hizo amistad con Joaquín, y enseguida que subió al trono, sacó a su amigo de la cárcel, y le mostró misericordia. Este Joaquín fue el padre de Salatiel, por donde continuó la línea de Cristo. 37 años de los setenta profetizados, habían pasado. Los judíos empezaron a tener esperanzas al ver a su rey en el palacio del rey de Babilonia.

En la conclusión de este libro, nos damos cuenta que Dios siempre estaba en control. El no permitiría que la línea real de David, se extinguiese. Nada sucede por casualidad. Jehová aún está en su Trono, y Él controla la vida de los hombres, para cumplir su propósito.

TAMPA, FLORIDIA. MAYO 2016